괴짜 예술가들의
별난 마케팅

상식과 통념을 깨는 천재 예술가들의 비즈니스 전략

괴짜 예술가들의 별난 마케팅

최정훈
글·그림

팬덤북스

유쾌하고, 발칙하고,
때로는 엽기에 가까운 괴짜 예술가들의 이야기

　사람들의 관점을 철저히 비틀고, 뒤집고, 파괴하여 세상을 충격에 빠뜨리는 데 쾌감을 느끼는 사람들이 있다. 그들은 그것을 유쾌한 재미이자 신나는 놀이라고 표현한다. 동시대에 살면서도 전혀 다른 시각으로 살고 있는 괴짜들. 사람들이 정답이라 여기는 상식을 완전히 뒤집어 버린 그들은 지금 세계가 주목하는 거장이 되었다. '유쾌한 반란자', '발칙한 도발자', '상식의 파괴자', '열정의 승부사'······그들을 칭하는 수식어는 다양하다. 우리는 이런 그들을 일컬어 '현대 미술의 괴물들'이라 부른다.

　보통 화가 하면 '석양이 지는 노을, 그것을 하염없이 바라보며 한 폭의 캔버스 위에 아름다운 풍경이나 인물을 그리는 사람······'을 떠올리기 쉬운데, 이런 고정관념을 완전히 파괴해 버린 악동들이 있다. 이 책은 바로 그 괴짜 예술가들의 별난 마케팅에 관한 이야기이다. '미쳤다'는 소리를 들으며, 전시회에서도 거부당할 정도로 충격적인 작품들을 쏟아 낸 예술가들의 이야기가 담겨 있다.

　이 발칙한 예술가들의 독특한 발상법과 더불어 그들이 어떤 방식으로 세상을 정복해 갔는지 하나씩 살펴보자. 유쾌하지만 때로는 엽기에 가까운 그들의 이야기를 통해 새로운 마케팅 전략과 아이디어, 영감을 발견하기 바란다. 지금부터 그들의 유쾌하고, 발칙한 발상과 마케팅의 세계로 초대한다.

PART 1.

마케팅의 기술
: 세상을 뒤집어 버린 마케팅

01. 언론을 발칵 뒤집은 '슈퍼스타 마케팅' : **앤디 워홀** _8
02. 충격과 공포의 마케팅 : **데미언 허스트** _15
03. 전략적 '차별화 마케팅' : **파블로 피카소** _21
04. 대중을 이해시키지 않는 '괴짜 마케팅' : **살바도르 달리** _27
05. 치고 빠지는 '게릴라 마케팅' : **키스 해링** _33
06. 발상을 뒤집는 '반전의 마케팅' : **클래스 올덴버그** _39
07. 욕망을 채우는 '사치 마케팅' : **제프 쿤스** _43
08. 이슈를 활용한 '유혹 마케팅' : **백남준** _49
09. 최소 비용, 최대 효과 '북Book 마케팅' : **나라 요시토모** _55
10. 기업과 함께하는 '아트 마케팅' : **무라카미 다카시** _60

PART 2.

열정의 기술
: 헌신과 애증의 기술

11. 숭고와 헌신의 대상 선정 : **빈센트 반고흐** _66
12. 자기 정복을 위한 반복의 기술 : **미켈란젤로 부오나로티** _71
13. 거인의 어깨에 올라타라 : **장 미쉘 바스키아** _76
14. 시기와 질투는 최고의 찬사다 : **로이 리히텐슈타인** _81
15. 삶의 태도를 재정립하라 : **앨리슨 래퍼** _87
16. 직관과 이성을 통한 혼의 완성 : **잭슨 폴락** _92
17. 상처를 승화시킨 애증의 기술 : **프리다 칼로** _98
18. 또 다른 나, 물아일체 : **척 클로스** _103
19. 자신의 고통을 강점화시켜라 : **쿠사마 야요이** _107
20. 가리고 싶은 상처를 토해 내라 : **트레이시 에민** _113
21. 사람들의 편견과 야유를 뒤집어 버려라 : **조지아 오키프** _119

PART 3.

생각의 기술
: 새로운 정의와 표현의 기술

22. 저항을 예술로 바꾸다 : **마르셀 뒤샹** _125
23. 금지된 욕망을 표현하다 : **구스타프 클림트** _130
24. 극사실주의에서 모호함으로 : **르네 마그리트** _135
25. 고객이 원하는 것을 간파하다 : **알폰스 무하** _141
26. 상식을 뒤집어 버리다 : **피에로 만초니** _147
27. 규범과 질서를 파괴하다 : **마우리치오 카텔란** _152
28. 향수와 감성을 자극하다 : **플로렌타인 호프만** _157
29. 세상을 향한 코믹 패러디 : **페르난도 보테로** _162
30. 스마트하게 생각하다 : **줄리안 오피** _167
31. 감히 상상도 하지 못할 일을 벌이다 : **마크 퀸** _172
32. 판타지의 세계로 대중을 초대하다 : **론 뮤익** _177

마케팅의 기술
: 세상을 뒤집어 버린 마케팅

01. 언론을 발칵 뒤집은 '슈퍼스타 마케팅' : **앤디 워홀**

02. 충격과 공포의 마케팅 : **데미언 허스트**

03. 전략적 '차별화 마케팅' : **파블로 피카소**

04. 대중을 이해시키지 않는 '괴짜 마케팅' : **살바도르 달리**

05. 치고 빠지는 '게릴라 마케팅' : **키스 해링**

06. 발상을 뒤집는 '반전의 마케팅' : **클래스 올덴버그**

07. 욕망을 채우는 '사치 마케팅' : **제프 쿤스**

08. 이슈를 활용한 '유혹 마케팅' : **백남준**

09. 최소 비용, 최대 효과 '북Book 마케팅' : **나라 요시토모**

10. 기업과 함께하는 '아트 마케팅' : **무라카미 다카시**

01. 언론을 발칵 뒤집은 '슈퍼스타 마케팅'

앤디 워홀

[1928.8.6.~1987.2.22.]

우리는 본능적으로 '예측 불가능Unpredictability'을 싫어한다.
예측 불가능은 모호함을 주고 우리를 불안하게 만든다.
그래서인지 사람들은 'A는 B다'처럼 정확하고 명쾌하게 규정짓는 작업을 하고 나서야
불안을 덜 느끼고, 그 결과 다른 사람에게 이것을 요구하기도 한다.
과학의 발달로 과거에 비해 사건과 사고, 자연재해도 미리 예측하는 시대에 살고 있지만,
사람들은 정치, 경제는 물론이고 예술, 종교에서도 규정짓는 일을 멈추지 않는다.
슈퍼스타 마케팅에 성공한 수많은 미술 거장들을 보면 사람들이 본능적으로
싫어하는 '모호함과 예측 불가능함'을 던져 놓고 그들 스스로 마음껏 규정
짓게 만들었다.
그러면 사람들은 거장의 모호함과 예측 불가능함에 빠져서 대상을
더욱더 규정짓고 싶어 했다.

"이건 심오한 철학이 담긴 깡통이오! 여기 보시오! 수프 깡통의 영문 색깔이 다르오! 분명 비밀이 담겨 있소!"

"말도 안 되는 소리! 이건 그냥 깡통일 뿐이에요! 공장에서 생산되다가 불량품이 된 그저 그런 깡통! B급 깡통일 뿐이죠! 이 깡통에 철학 따위는 없어요!"

1962년 맨해튼 스테이블 갤러리에 아주 새로운 미술 작품이 전시되었다.

"어라?~코카콜라 병이잖아?"
"이건 뭐야? 수프 깡통??"

"이 말도 안 되는 물건들을 작품이라고 전시한 작자가 도대체 누구야!!!"

전시장을 찾은 사람들은 황당해했다.
이때, 이 어처구니없는 작품들을 전시한 작가는 갤러리 한쪽 구석에 멍하니 서 있었다.

"저 사람은 누구지?"

"왜 다른 예술가들처럼 우리 기자들이나 VIP 고객들에게 작품을 설명하거나 홍보하지 않는 거지?"

super star

"이게 뭐다냐? 야햐!!"

'도대체 속을 알 수 없는 의문의 남자!'

그가 바로 20세기 예술계의 거장!
최고의 미술 흥행사 '앤디 워홀'이다.

그는 기자들이 작품의 의도나 의미를 물어보면 언제나 모호하게 대답했다.

"제가 수프를 좋아하거든요."
"그저 콜라병이 좋아서 그랬습니다."

나는 위대한 콜라병이다!
나를 숭배하라!
쮸쮸 빵빵!!
흔들~흔들~

콜라잖여~

왜 콜라와 깡통을 작품이라고 했냐고?
ㅋㅋㅋ! 알 수 없을 것이여~!

앤디 워홀은 이런 의미심장한 말만 남기고 갤러리의 한쪽 구석으로 가 버렸다. 그의 이런 말과 태도에 기자들과 관객들은 순간 당황했지만, 이내 그의 작품을 규정짓기 시작했다.

"정말 굉장해! 작품을 통해 이 시대의 소비문화를 비판한 거야!"

"아니야! 분명 더 대단한 메시지가 담겨 있을 거야!"

언론과 관객이 규정지을수록 그에 대한 호기심과 궁금증은 증폭되었고 전시회 역시 크게 흥행했다.

그는 대중에게 작품에 대한 답을 주지 않았다.

'아무것도 결정하지 않겠다는 결정!'

아무것도 표현하지 않음으로써 새로운 차원을 열어 보이겠다는 것이 그의 의도였다.

전시회 이후 앤디 워홀은 언론으로부터 새로운 문화 운동을 창시했다는 찬사를 받기도 했다.

그는 그저 멍하게 서 있다가 모호한 답변만 했을 뿐, 그를 슈퍼스타로 만든 것은 언론과 갤러리들이었다.

물론, 그가 처음부터 이랬던 것은 아니었다.

한때, 그는 사람들의 주목을 받고 싶어 다른 작가들처럼 행동하기도 했다. 하지만 돌아오는 것은 냉담함뿐이었다.

"그래서요! 아무리 기다려도 당신이 원하는 건 아마 얻기 힘들 거예요!"

당시 청년 앤디 워홀에게 돌아온 것은 고객들의 쓰고 독한 거절의 말들뿐이었다.

어린 시절 그는 소극적인 아이처럼 보였지만 동시에 화려한 명성도 원하는 상반된 감정을 지니고 있었다.

"너 자신을 드러내려 하지 말고 사람들이 네 존재를 자연히 알게 하렴!!!"

여러 번의 실패를 맛본 그는 문득, 어린 시절 어머니가 해 주신 말씀이 떠올랐다. 이후 그는 항상 숨기고 감추어 왔던 약점, 내성적인 성격을 최대 강점으로 바꾸어 갔다.

그를 슈퍼스타로 만들어 준 전략적 무기 '모호함'이 탄생하는 순간이었다!

그는 자신의 이미지와 작품을 전략적으로 변화시켰다.

처음에는 그에게 전혀 관심을 갖지 않았던 사람들도 점점 그의 특별함에 빠져들었다. 남들과 차별화된 자신만의 마케팅 능력을 비로소 찾아낸 것이다.

'모호함과 예측 불가능함'을 던진 전시회를 마치고 1년 뒤, 그는 맨해튼에 있는 커다란 창고를 빌려 '팩토리'라 이름 짓고 예술계, 연예계 유명인들을 초대했다.

이미 한 번 언론에 주목을 받았기에 이번에는 팩토리 내부를 공개하지 않았다. 아주 특별한 사람들만 입장할 수 있다는 신비주의를 고수함으로써 언론의 궁금증을 증가시켰다.

"와우! 앤디의 팩토리는 환상적인 공간이야!"
"판타스틱!!!"

그 결과, 예술계, 연예계에서 일하는 사람들은 팩토리에 초청받는 일을 대단한 영광처럼 여겼고, 초대받은 사실을 언론에 흘리기 시작했다. 그럴수록 매스컴에서는 앤디 워홀과 팩토리에 대해 더욱 궁금해했다.

(팩토리는 헐리우드의 배우는 물론이고 고급 엘리트들, 특이한 예술가들까지 다양한 계층의 사람들로 가득 채워지기 시작했다)

하지만 그는 여전히 냉담했고,

"안녕하세요"와 같은 짧은 인사만 할 뿐이었다. 팩토리 안에 들어간 유명인들은 인터뷰를 쏟아 냈고, 그럴수록 대중은 워홀에게 열광했다.

그 결과, 사람들은 그에게 빠져들기 시작했다.

희소성을 좋아하는 부자들은 그의 작품을 사기 위해 기꺼이 지갑을 열었다.

'팩토리는 앤디 워홀의 철저한 계산에 의해 만들어진 곳이다!'

팩토리는 사람의 본성 중 '인정받고 싶어 하는 욕망'을 채워 주는 데 아주 좋은 수단이 되었다.

팩토리에 들어가려면 앤디 워홀에게 잘 보여야 했고, 그 안에 들어가서도 냉담한 그의 관심을 끌기 위해 노력해야 했지만 일단 그 안에 들어가는 것만으로도 세간의 이슈였고, 엄청난 주목을 받았다.

★ 언론을 활용한 앤디 워홀의 전략 ★

첫 번째, 초반 한 패에 모든 것을 보여 주지 않았다.
비즈니스 기술 중 최악의 수는 모든 것을 초반 한 패에 다 보여 주는 것이다. 이는 상대에게 나를 드러내는 바보 같은 행동이다. 앤디 워홀은 모호함과 불안함을 위해 진짜 자신의 패를 숨겼다. 때에 따라 모든 것을 한 패에 보여 줘야 할 때도 있지만, 초반에 다 보여 준다면 쉽게 규정당함을 명심해야 한다.

두 번째, 해석할 시간을 주었다.
그는 언론의 비평이나 대중의 평가에 대응하거나, 해석을 달지 않았다. 그 안에 자신을 비판하는 내용이 있어도 대꾸하지 않았다. 그 결과, 언론과 대중이 나서서 누구의 평가가 맞았는지 서로 다투었다. 그럴수록 언론에 그의 이름은 더욱더 자주 노출되었다.

이처럼 칭찬이든 비평이든 해석할 시간을 충분히 주었다.

YES!!!

세 번째, 일정한 거리를 두었다.
사람들은 서로서로 친하게 지내도록 교육 받았다. 이를 반대로 생각하면 아무 거리낌 없이 친할 경우, 가격을 매기기 힘든 추상적인 (미술품, 음악) 작품과 상품을 판매할 때 가격 역시 그렇게 매겨질 수 있다.
그는 사람들과 일정한 거리를 두어 스스로의 가치를 높였다.

"거장은 대중을 따라가지 않는다!"
"언론과 대중들이 열광할 것을 제공한다!"

앤디의 신의 한 수!!!

한 패에 모든 걸 보여 주지 않는 것! 모호함으로 사람들의 호기심과 관심을 더욱 자극하고 끌어당긴 전략을 배우자!!!

02. 충격과 공포의 마케팅

데미언 허스트

[1965.6.7.~]

Damien Steven Hirst

지금의 데미언 허스트를 있게 한 이 작품은 **당시 전시장을 찾은 모든 이들에게 충격을 주었다.** 그를 픽업해 막강한 부를 거머쥐도록 전폭적인 지원을 해 준 슈퍼 부자 찰스 사치도 이 작품을 보고서는 너무 놀란 나머지 입을 딱 벌린 채로 서 있었다고 한다.

(데미언 허스트는 막강한 부를 누렸던 거장 파블로 피카소, 앤디 워홀, 살바도르 달리가 그의 나이에 지녔던 경제적인 가치를 모두 합한 것보다 더 높은 가치를 지녔다고 평가된다)

이는 삶과 죽음의 세계를 묘사한 작품으로 **기존의 미술 개념이나 예술가에 대한 고정관념을 완전히 뒤집어 놓았다.** '미친 짓', '악마의 아들'이라고 밖에 생각되지 않는 그의 도발적인 작품은 세상 사람들에게 깊이 각인되었다.

그렇다면 데미언 허스트는 언제부터 그리고 왜 이러한 충격적인 소재들을 선택하게 된 것일까?

1988년, 데미언허스트는 프리즈라는 전시회를 기획하며 작품 선정 및 카탈로그 제작, 큐레이팅을 했다. 그러면서 여러 고급 갤러리들과 기업가들을 상대로 마케팅을 시작했다.

그 결과 함께했던 작가들도 덕분에 작품을 전시하며 작가의 길을 걷게 되었다.

이후, 그는 평범한 예술가에서 벗어나 처음부터 고급 갤러리들과 기업가들을 상대로 전략적인 비즈니스를 펼쳤다.

치밀한 전략과 적극적인 비즈니스 덕에 광고계의 거물이자 엄청난 부를 지닌 슈퍼 부자 찰스 사치를 만날 수 있었다.

★ 충격 마케팅의 위력 ★
데미언 허스트는 세계에서 가장 강력하고 부유한 세기의 예술가이다. 싱가포르 자산 정보 업체 웰스엑스가 밝힌 바에 의하면 **그의 작품의 값어치는 3억 5,000만 달러(약 3,700억 원)에 이른다고 한다.** (2014년 기준)

★ 천재적인 악동 데미언 허스트의 전략 ★

전략은 죽음이 될 수도 있고, 외모가 될 수도 있다. 말하는 언어일 수도 있고, 행동일 수도 있다. 평범함을 비틀기 시작하면 외모도, 언어도, 행동도 바뀌기 시작한다. 평범한 생각들을 전략적으로 비틀어 보라. 똑같은 사업을 해도 엄청난 성과를 내는 사람이 있는가 하면, 그렇지 못한 사람들도 있다.

두 경우 모두 자신의 사업에 최선을 다하며 열심히 경영하고 있을 것이다. 차이가 있다면 그저 열심히만 하느냐 아니면 사업과 외모와 언어, 행동, 서비스를 이미지로 각인시키기 위해 전략을 세워 접근하느냐에 있다.

세상은 변화와 진화를 거듭하고 있다. 공급이 수요를 넘어서는 세상에 살고 있다. '때가 되면 누군가 내 작품 (혹은 상품)을 인정해 주겠지'하고 안주하다 보면 아무도 모르게 사라질 수밖에 없다.

'여기 이곳에 좋은 상품이 있으니 반드시 고객이 찾아와 줄 것이다' 하는 시대는 이미 지나갔고, 막을 내렸다.

세상은 데미언 허스트처럼 전략적인 비즈니스 도구를 가지고 움직이는 자에게 기회의 장을 열어 준다. 앤디 워홀의 시작이 상업미술이었던 것처럼 데미언 허스트도 전시 기획자, 아트 마케터였음을 고려하면 예술과 비즈니스가 결합했을 때의 시너지는 상상을 초월한다.

꼭 충격과 공포가 아니어도 좋다. 이때, 필요한 것은 평범함을 '임팩트'로 바꾸고, 그것을 행동으로 연결하는 '뻔뻔함'이다. 거장들은 임팩트와 뻔뻔함을 아주 잘 갖춘 사람들이다. 데미언 허스트를 보며 임팩트와 뻔뻔함을 비즈니스 기술로 활용해 보자.

03. 전략적 '차별화 마케팅'

파블로 피카소

[1881.10.25.~1973.4.8.]

그의 그림에는 분명 다른 화가들과 구별되는 획기적이고 차별화된 천재적 능력이 있었지만, 전략적이거나 자신을 세상에 알리고자 하는 마케팅 능력이 부족했다. 반면 피카소에게는 반 고흐와는 전혀 다른 면이 있었다. 피카소의 초기 작품이라 불리는 '청색 시대'의 그림들을 보면 반 고흐의 작품과 비슷한 고독과 외로움들이 많이 보인다.

하지만 '장밋빛 시대'를 거쳐 입체주의로 가면서 작품들의 분위기가 달라지기 시작한다.

피카소는 반 고흐와 달리 비즈니스에서 가장 중요한 자질인 커뮤니케이션과 인간관계의 중요성을 잘 알고 있었다. 반 고흐에게는 부족했던 '자신을 마케팅하는 능력'을 만들었던 것이다.

슬프지만 인정해!!! 내 삶은 철저하게 고통스러웠으니까…

거장이 되었지만 누릴 수가 없었지..

나는 평생 하고 싶은 예술을 마음껏 할 수 있었지! 풍요로운 경제력은 정말 많은 도움이 되었어! 뭐든지 할 수 있었거든!!!

찡~ 하다.

나는 20대 시절 마케팅의 중요성을 알게 되었제!! 예술을 위한 거대한 날개였지!!

사람들은 나의 천재성을 내가 죽은 후에 알게 되었지…

"이 갤러리에 피카소라는 화가의 작품이 있나요?"

(가난했던 무명 시절, 피카소는 자신의 작품과 이름을 알리기 위해 고객을 가장해 여러 갤러리들을 돌아다니며 피카소라는 작가의 작품이 있는지 물어보는 홍보 마케팅 전략을 펼쳤다고 한다)

세상에는 각 분야에서 남들보다 탁월한 업적을 이룬 사람들이 존재한다. 공통점이 있다면 그들은 모두 자신의 일에 불타오르는 열정을 가지고 있었다. 하지만 열정과 몰입만으로 인생의 전성기를 만들기에는 어딘가 부족함이 있다.

어느 한 분야의 거장이 되더라도 경제적 뒷받침이 되지 않는다면 그 열정은 살얼음판 위에 놓인 것이나 마찬가지다.

반 고흐의 삶이 이와 같았다. 지금은 위대한 거장으로 인정받고 있지만 반고흐 개인의 삶은 정말이지 처절하고 비참했다.

피카소는 비즈니스 세계에서 가장 중요한 자신을 브랜드 마케팅 하는 능력을 터득했다. 고객과 시장에 힘들어했던 반 고흐와는 달리 자기 홍보에도 전략적이고 적극적인 차별화 마케팅을 펼쳐 나갔다.
(그는 다른 작가들이 자신의 작품 세계에만 빠져 있을때, 미술 지식과 안목을 활용해 다른 작가의 작품을 구입한 뒤 높은 가격에 재판매하는 등의 마케팅도 펼쳤다)

반면 피카소는 자신의 예술을 위해, 자유를 위해, 작품과 더불어 경제적 뒷받침의 중요성을 익히 알고 있었다. 그는 비즈니스와 인적 네트워트의 필요성을 간파하고 이를 적극 활용했다.

미국 에모리 의대의 정신 의학 및 행동 과학을 연구하는 그레고리 번스 교수는 '피카소는 다양한 사회적 계층과 집단의 활동적인 멤버였으며 광대한 인적 네트워크에 포함된 '허브hub'였다'고 말한다.

그는 예술가, 작가, 정치가 등의 수많은 연결 고리를 통해 경제적으로 부유한 계층과 만남을 갖고 교류했다고 한다.

1973년, 피카소의 사망 당시 그의 재산은 7억 5천만 달러(약 8천억 원)로 추정된다.

그는 13,500여 점의 그림과 700여 점의 조각품을 창작했으며 이를 모두 합치면 30,000여 점이 넘는 엄청난 양의 작품을 남겼다.

> 예술은 숭고하다!!
> 예술은 돈벌이가 아니야!!!
> 시대는 변했어!! 예술 역시 변하는 것!!!
> 정답은 각자 자신의 선택이제!!!

그렇다면 10년 넘게 무명의 시간을 보냈던 피카소는 어떻게 해서 엄청난 부와 명예, 예술성을 거머쥘 수 있었던 것일까?

그에게는 뚜렷한 목표가 있었다. 그것은 '금전적인 근심과 걱정에서 해방되는 예술가의 자유!'였다.
그는 자신이 목표하는 예술과 자유가 천재적인 창작력만으로는 이루어지기 어렵다고 판단했다.
예술과 더불어 인적 네트워킹, 비즈니스, 마케팅, 경제적, 사회적 활동이야말로
자신이 간절히 원하는 '예술의 자유'를 가져다주는 요인임을 간파했다.

"나는 그림으로 억만장자가 될 것이다."
"나는 미술사에 한 획을 긋는 화가가 될 것이다."
"나는 갑부로 살다가 갑부로 죽을 것이다."

"나는 이렇게 평생 비참하게 살다가 죽을 것 같아."
"나는 돈과 인연이 없어."
"불행은 나를 절대로 떠날 것 같지 않아."
"나란 사람이 무슨 쓸모가 있을까?"

반 고흐는 세상을 떠나는 마지막 순간에도 "인생이 이토록 슬프다는 것을 누가 믿을 것인가?" 라고 말했다고 한다.

피카소와 반 고흐의 '마음속 그림과 현실'의 한 예이다. 어쩌면 예술성만 놓고 본다면 반 고흐가 피카소보다 더 천재적인 재능을 지니고 있었을지도 모른다.

하지만 반 고흐는 지독한 가난과 그림에 대한 멸시, 냉대를 받으며 비참하게 살아야 했다.

당시 그의 삶이 얼마나 눈물겹고 처절했을지 상상만 해도 가슴이 아프다.

남이 보기에는 정말 드라마틱하고 아름다운 이야기이지만, 당사자에게는 지옥 같은 현실, 처절한 삶이기 때문이다.

비즈니스 역시 마찬가지이다.
능력은 있지만 다른 사람들과의 커뮤니케이션, 인간관계, 전략적인 차별화 마케팅이 없으면 사업을 펼치면서도 경제적인 빈곤을 맛보게 된다.

> 왈왈~!!

> 마음 안의 그림!!!

★ 위대한 거장 파블로 피카소의 전략 ★

거장 피카소가 했던 것처럼 전략적인 차별화 마케팅을 위해 다음과 같이 행동해 보자.

첫 번째, 똑같은 비즈니스를 하더라도 피카소처럼 관점을 다르게 보는 훈련을 해 보자.

'어떻게 하면 더 재미있고 효과적인 결과를 가져올 수 있을까?'

남들도 생각하지만 무심코 지나쳐 버리는 '재미'있는 아이디어를 수집하여 기록해 보자.
시간을 많이 투자한다고 해서 항상 더 좋은 결과가 도출되는 것은 아니다.

중요한 것은 관점의 변화이다. 남들이 그냥 지나치는 일들을 관찰하고 발견하여
자신의 것으로 흡수하고 마침내 새로운 것으로 만들어 내는 훈련을 꾸준히 해야 한다.

두 번째, 남들이 버리는 것에 초점을 맞추어 보자.

무심코 지나쳐 버리는 생각이나 말 중에는 차별화 전략에
획기적인 아이디어가 담겨 있다.
그것을 실제화 Realization 하는 작업을 게을리하지 않으면
차별화시키는 데 성공할 수 있다.

세 번째, 사람들이 불편해하는 것을 파악하자.

사람들이 겪는 불편에 대해 듣고 메모하는 습관을 들이자.
이는 차별화 마케팅에 큰 도움이 될 것이다.

**피카소는 상대가 무엇을 원하는지 그 심리를 간파했고,
그것을 활용해 자신의 작품에 매료되도록 끌어당겼다.**

세상이 우리를 알아봐 주지 않는다면 우리가 먼저 알려야 한다.
삶에서 추구하는 방향과 목적을 정확히 한다면 정신적,
경제적 풍요를 가져다주는 전략을 펼칠 수 있다.

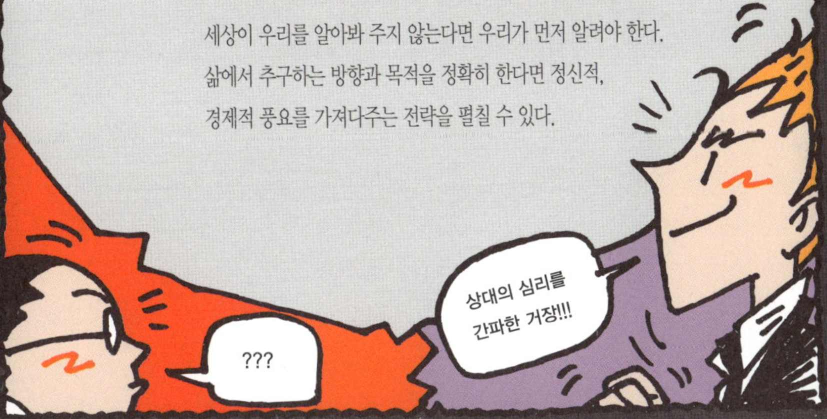

04. 대중을 이해시키지 않는 '괴짜 마케팅'

살바도르 달리

[1904. 5. 11. ~ 1989. 1. 23.]

목적은 하나다. 세상 사람들에게
자신을 알리고 전략적으로
마케팅하기 위해서다.

**상식의 파괴, 충격은 사람들로
하여금 호기심을 자극한다.**

호기심은 사람들을 모이게
하고 단번에 그 작가를
기억하게 만든다.

당신 안에 있는 독특한 괴짜 본능을 찾아보자.
그렇다고 꼭 예술가들을 따라 할 필요는 없다.

직장인이라면 회사 안에서, 사업가라면 사업장 안에서 남들과
다른 독특함을 조금이라도 보여 준다면 상대는 당신의 이름을
기억할 것이다.

**평범함은 더 이상 축복이 아니며, 갈수록 재앙이
되고 있다. 지금부터는 재미있고 독특한 괴짜가 되어 보자.**

자신의 이름이 적힌 명함을 만들더라도,
옷 한 벌을 입더라도 남들과
다른 전략을 세워 차별성을 두자.
**상대가 당신을 기억할 수 있도록 전략적인
이벤트를 준비하는 습관이 반드시 필요하다.**

당신의 비즈니스 역시 다른 누군가가 하고 있는 것과
다를 바 없이 비슷하게 진행되고 있다면 머지않아 사람들에게
외면당할지도 모른다.

세상은 평범한 사람들을 기억하지 않는다.

이제 밥을 굶는 시절은 지났다. 배고픈 시절에는
조금 평범하더라도 성실하기만 하면 어느 정도 인정받는 시대였다.
하지만 요즘 시대에는 평범함과 성실만으로는 사업을 펼쳐 나가기에 어려움이 있다.

**지금 우리는 튀지 않으면 어느 순간
묻혀 사라지고 마는 시대를 살고 있다.**

★ 세상을 놀라게 만든 괴짜 예술가들의 전략 ★

아티스트의 생명은 '독특함'이다. 보통 사람들과 다른 '특이함'이 생명이자 힘이다.

그러기 위해서는 가장 먼저 자기 안에 담긴 강점들을 찾아내는 연구를 시작해야 한다.

미술계의 거장 앤디 워홀도 처음에는 남들이 해 오던 적극적인 마케팅 방법을 썼다. **하지만 자신에게 가장 잘 어울리는 옷을 찾았을 때, 가장 멋진 스타일이 완성됨을 깨달았다.**

그래서 그는 본연의 내성적인 성격을 적극 활용하면서 사람들로 하여금 신비감과 호기심을 증폭시키는 마케팅을 펼쳤다.

eccentric!!!
eccentric!!!
eccentric!!!
ㅋㅋㅋ 알긋나? 내가 괜히 괴짜 같은 행동을 했다고 생각했다면 큰 오산이제!! ㅋㅋㅋ

역시! 살바도르!!! 최고의 예술가이자 마케팅의 전략가!!!

살바도르 달리는 남의 옷을 입지 않았다. 자신에게 가장 잘 맞는 옷이 무엇인지 찾았고 행동으로 옮겼다.

괴짜라는 말은 독특하고 특별한 온리 원이 되라는 말이다!! 따라 하기보다는 자신의 본모습을 찾아내는 것이다!!!

그것이 바로 괴짜다운 매력이다. 세상은 다수가 동의하는 평범함을 교육하고 추구한다.

하지만 괴짜 예술가들은 평범함을 거부하고 자신의 색깔을 찾았다. 살바도르 달리는 하늘을 찌르는 듯한 콧수염과 특이한 행동, 무대 의상으로 자신을 드러냈다.

그는 위대한 작품으로도 높이 평가받았으며, 자신을 브랜딩하는 데도 엄청난 성공을 거두었다.

괴짜의 마력으로!!!

나만의 비즈니스 컬러!!!

05. 치고 빠지는 '게릴라 마케팅'

키스 해링

[1958.5.4.~ 1990.2.16.]

"도대체 이게 몇 번째인 줄 알아?"
"쫓아다니기도 힘들다 정말!"

세상을 캔버스 삼아
그림을 그린 남자, **키스 해링!!**

그는 자신의 작품을 평범한 캔버스 위에 가두지 않았으며 어느 공간이든 자유롭게 메시지를 담아냈다.

'낙서'를 이용한 그만의 예술과 마케팅으로 자신의 이름을 세상에 알렸다.

"너 왜 자꾸 그러는겨~!! 지발 고마해라!! 쫓아다는 것도 힘들구만!! 이것이 그렇게 재밌냐~잉!!"

"행님!!! 나 해링이어요!! 키스 해링!! 내는 낙서가 직업이랑께요~!!!"

"오빠!!"
"와!!! 멋지당께!!"

그가 세상을 떠나고 몇십 년이 흐른 뒤에도 작품은
다양하게 디자인되어 이제는 상품으로서 사람들 곁에 자리하게 되었다.

"앤디행님!! 나 멋지죠?"

대학에서 디자인을 전공한 키스 해링은 자신의 꿈을 이루기 위해 뉴욕으로 온다.

아무도 알아주지 않는 상황에서 그는 자신의 이름과 작품을 알리기 위해 전략적인 게릴라 마케팅 전법을 세웠다.

'그래피티 아트Graffiti Art'
(거리 위의 벽이나 건물에 낙서나 그림 등의 메시지를 담는 것)로 자신의 존재를 알리기 시작했다.

물론, 뉴욕에서는 불법적인 행위였다.

결국, 그의 손목에는 몇 차례에 걸쳐 수갑이 채워졌고 경찰서로 연행까지 되었다.

하지만 그 일이 있고 나서부터 키스 해링이라는 이름이 점차 알려지기 시작했고, 마침내 뉴욕의 거장 앤디 워홀과의 만남이 이루어지면서 그는 팝 아트계의 스타가 되었다.

키스 해링은 여기서 멈추지 않고 여러 가지 일들을 펼쳐 나갔다.

'팝숍'이라는 매장을 만들어 자신의 작품과 함께 여러 가지 아트 상품을 만들며 '아트 비즈니스'를 펼쳐 갔다. 기존의 화가들과는 판이하게 다른 전략이었다.

그림은 직업이며 사업임을 전면적으로 내세운 앤디 워홀과 마찬가지로 **키스 해링 역시 '낙서화'를 통해 자신의 이름을 브랜딩하는 데 성공한다.**

예술과 상품, 거기에 비즈니스가 결합된 아트 마케팅을 성공시킨 키스 해링!!!
그는 예술성과 상업성! 모두를 이루어 냈다!!!

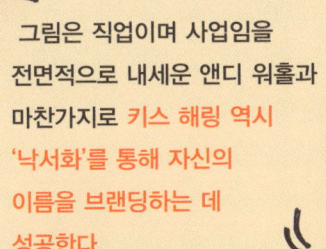

> 나는 예술 작품을 직접 판매하는 팝숍을 만들었제!!

과거 미술계 거장들의 작품은 박물관 혹은 미술관 안에서만 관람하는 것이 전부였다.

하지만 앤디 워홀 이후 키스 해링과 같은 인물들이 나타나면서 흐름이 바뀌기 시작했다. 대중과 함께 숨쉬며 그들의 잠재의식 속에 각인되는 거장으로 살아 있게 되었다.

키스 해링의 작품은 무거운 메시지를 담고 있음에도 불구하고 **경쾌하고 유쾌한 캐릭터 이미지를 조화시켜** 대중에게 파고 들었다.

여기서 키스 해링의 마케팅 전법은 **'치고 빠지기'였다!!!'**

키스 해링의 자서전을 읽어 보면 그가 얼마만큼 그림에 대한 열정이 있었는지 알 수 있다.

뉴욕에 가기 전, 얼마나 치밀한 전략을 세워서 갔는지도 파악할 수 있다.

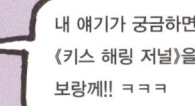

> 내 얘기가 궁금하면 《키스 해링 저널》을 보랑께!! ㅋㅋㅋ

그래피티는 돈 한 푼 들이지 않고 뉴욕 신문에 '거리의 낙서화가 키스 해링'이라는 이름을 알리는 전략적 도구가 되었다.

그로 인해 당시 가장 유명했던 앤디 워홀과 인연을 맺을 수 있었고, 자신의 존재를 더 널리 알릴 수 있었다.

오랜 시간이 지났음에도 불구하고 키스 해링이라는 브랜드는 지금도 많은 이들에게 사랑받고 있다.

> 행님!!! 그만 쫓아오소!!
> 야! 이놈아!!!

★ 해피 테러리스트
키스 해링의 전략 ★

치고 빠지는 게릴라 전술은 공룡과 같은 거대한 몸집을 가진 상대에게 쓰는 방법이다.

사실, 기존 미술계와 비즈니스계에는 공룡들이 즐비하다.

그렇다고 공룡들이 사라지기만을 바라고 있기에는 시간이 너무 아깝다.

하지만 보통 사람들은 공룡들이 쓰러지기를 기대하며 소중한 시간을 낭비한다.

그 공룡이 쓰러진다 해도 또 다른 공룡이 등장할 텐데 말이다.

게릴라 전술은 속도를 최우선으로 하며, 자본과 영향력이 부족할 때 쓰는 기술이다.

키스 해링은 게릴라 전술을 능숙하게 활용했다. 목적을 달성하고 사라져 사람들에게 더욱 주목받았다.

공룡을 이기는 방법은 빠른 속도다!!!

임팩트 있는 메시지에 속도를 더해 보자.

치고 빠지는 게릴라 전략은 비즈니스에 효과적인 무기가 될 것이다.

06. 발상을 뒤집는 '반전의 마케팅'

클래스 올덴버그

[1929.1.28.~]

Claes Thure Oldenburg

클래스 올덴버그는 사람들이 생각하고 있는 상식 세계를
완전히 뒤집어 버렸다.

평범한 것을 특별한 대상으로 바꿈으로써
부와 성공, 예술성을 모두 거머쥐었다.

"저...저건 우리 집에서 쓰는 망치 아녀?"
"워메~ 저기 드라이버도 있어야~!"

사람들이 흔히 사용하는 망치, 드라이버, 니퍼 등의 연장도
그를 만나면 엄청나게 비싼 작품으로 변신했다.

넓은 대지 위에 엄청나게
큰 배드맨턴 콕을 제작
한다거나 거대한 빗자루와
쓰레받기를 만들어
사람들에게 놀라움과
즐거움을 주었다.

**아주 엉뚱하고 사람들의
일반적인 상식을 산산이
깨부수는 독특한 발상!!!**

그것이 바로 거장으로 가는
길이며 세상을 뒤집어 버린
그만의 독특한 마케팅 방식이다.

**그의 작품은 그가 아이디어를 내면
그를 돕는 수많은 아티스트들에 의해
거대한 조형물로 제작된다.**

그러는 동안 그는 사람들과 만나고
비즈니스를 펼치며 또 다른
작품을 구상한다.

그는 예술계의 거장이자
동시에 비즈니스계의
거장이었다.

07. 욕망을 채우는 '사치 마케팅'

제프 쿤스

[1955.1.21.~]

Jeff Koons

제프 쿤스는 인테리어 사업을 하던 아버지와 어머니의 밑에서 자랐다.

20대 때, 그는 뉴욕 미술관에서 미술관 후원자를 모집하는 일을 했으며, 증권 중개인으로도 활동했다.

미술계 역시 사업이라는 사실을 정확히 간파한

그는 자신의 작품을 철저하게 비즈니스화했다!!!

예술을 비즈니스로 연결한 앤디 워홀의 후계자임을 알리며 전 세계를 무대로 활동하고 있다. 그는 일반 사람들이 생각하는 화가의 이미지와는 전혀 다르다.

ART POWER!!!
ART POWER!!!
ART POWER!!!

앤디 형님께서 미술계의 판을 뒤집어 버리셨지!!! 이제 아트는 예술이자 엄청나고 강력한 비즈니스가 된 거여!!!

몇 해 전, 국내의 한 백화점이 그의 작품 **〈성심聖心, Sacred heart〉**을 엄청난 금액(추정가 약 300억 원대)으로 구입해 국내에서 전시회를 열었다.

일부 시각에서는 '저것이 작품이 될 수 있나?'라고 할 정도로 의아해했다.

나에게 오라~!!
저게 뭐여? 발렌타인 사탕 맞제?
그란디~ 엄청 커~야!
300억!!!
뭐여??
!!
300!!
겁나 크네!

그것은 누가 봐도 밸런타인데이에 여자 친구에게나 선물할 법한 하트 모양의 사탕을 엄청난 크기로 확대한 모습이었다.

그게 작품의 전부일까? 사실, 거대한 모양의 하트는 철공소에 가면 누구나 만들 수 있다.

이 대목에서 우리가 주목해야 할 것은 **'제프 쿤스가 기획했던 비즈니스 전략은 과연 무엇일까?'** 이다.

그는 사람들이 평범하다고 여기는 것을 평범하지 않게 만들었다.

그리고 거기에 '사람들의 욕망을 자극하는 요소'를 집어넣음으로써 구매를 촉진했다.

'나의 작품을 구입한 당신은 가장 부유하고 최고로 고급스럽다'라는 인식을 담아 작품을 제작하는 전략적인 비즈니스를 펼쳤다.

부자들의 허영심과 사치, 욕망을 작품으로 유혹하는 비즈니스를 펼친 제프 쿤스.

그는 자신의 예술에 비즈니스를 접목시켜 아트 기업을 만들고 작품을 분업화하여 제작하고 있다.

그는 100명의 직원을 둔 거대한 예술가이자 기업가이다.

그에게는 비즈니스 역시 작품의 일환인 셈이다.

'제프 쿤스! 당신은 도대체 거대한 작품을 언제 제작하시나요?'라는 질문을 받은 그는

"저는 작품을 직접 제작하지 않습니다. 다만 아이디어와 스케치를 직원들에게 건네주고 제작을 감독을 할 뿐이죠"라고 대답했다.

인터넷을 통해 사진을 보면 그의 말뜻을 확연하게 알 수 있을 것이다. **그의 모습 속에서는 낡고 허름한 옷에 밤샘 작업 후 방금 일어난 듯한 초췌함은 전혀 찾아볼 수 없다.**

럭셔리한 정장 차림에 고급 구두를 신고 있는 그의 모습을 보면 어떻게 해서 그가 미국을 대표해 최고의 주가를 올리는 예술가가 되었는지 알게 된다.

그의 작품은 BMW 등 고가의 제품에 담겨져 우리에게 선보여지기도 한다. 그는 사람들의 욕망을 자극하는 사치 코드를 잘 알고 있었기에, 더욱더 전략적으로 자신과 자신의 작품을 브랜딩하고 마케팅할 수 있었다.

똑같은 고급 품질의 상품을 만들더라도 그 안에 독특한 스토리와 예술이라는 문화가 결합되지 않으면 이미 눈이 높을 대로 높아진 고객들은 더 이상 그 제품에 시선을 주지 않는다. 그 사실을 제프 쿤스는 알고 있었다.

당신의 분야에서 보다 나은 비즈니스를 펼치고자 한다면 제프 쿤스가 펼쳤던 고객의 욕망을 자극하는 전략을 활용해 보면 어떨까?

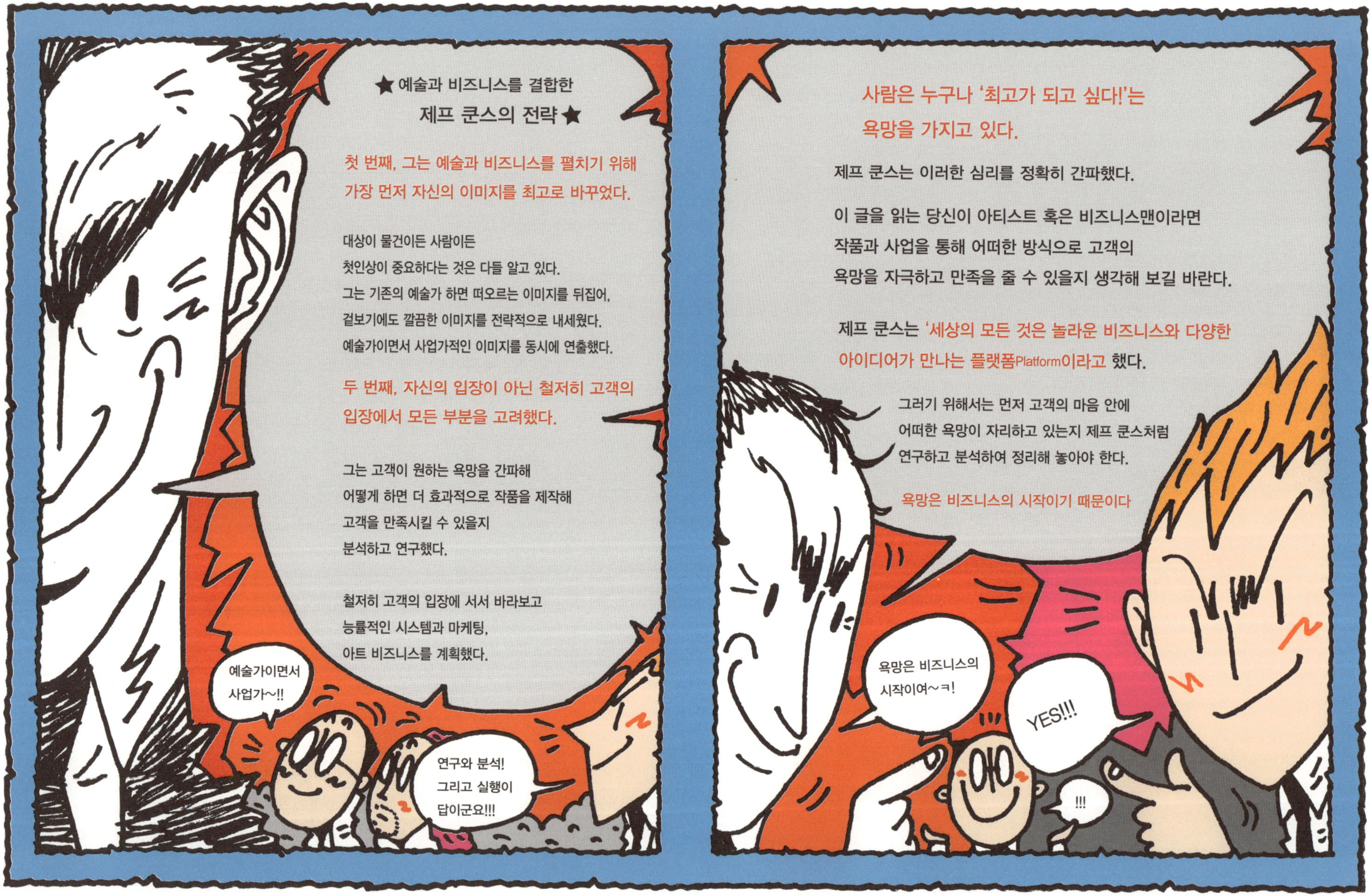

★ 예술과 비즈니스를 결합한
제프 쿤스의 전략 ★

첫 번째, 그는 예술과 비즈니스를 펼치기 위해 가장 먼저 자신의 이미지를 최고로 바꾸었다.

대상이 물건이든 사람이든
첫인상이 중요하다는 것은 다들 알고 있다.
그는 기존의 예술가 하면 떠오르는 이미지를 뒤집어,
겉보기에도 깔끔한 이미지를 전략적으로 내세웠다.
예술가이면서 사업가적인 이미지를 동시에 연출했다.

두 번째, 자신의 입장이 아닌 철저히 고객의 입장에서 모든 부분을 고려했다.

그는 고객이 원하는 욕망을 간파해
어떻게 하면 더 효과적으로 작품을 제작해
고객을 만족시킬 수 있을지
분석하고 연구했다.

철저히 고객의 입장에 서서 바라보고
능률적인 시스템과 마케팅,
아트 비즈니스를 계획했다.

> 예술가이면서 사업가~!!

> 연구와 분석! 그리고 실행이 답이군요!!!

사람은 누구나 '최고가 되고 싶다!'는 욕망을 가지고 있다.

제프 쿤스는 이러한 심리를 정확히 간파했다.

이 글을 읽는 당신이 아티스트 혹은 비즈니스맨이라면
작품과 사업을 통해 어떠한 방식으로 고객의
욕망을 자극하고 만족을 줄 수 있을지 생각해 보길 바란다.

제프 쿤스는 '세상의 모든 것은 놀라운 비즈니스와 다양한
아이디어가 만나는 플랫폼Platform이라고 했다.

그러기 위해서는 먼저 고객의 마음 안에
어떠한 욕망이 자리하고 있는지 제프 쿤스처럼
연구하고 분석하여 정리해 놓아야 한다.

욕망은 비즈니스의 시작이기 때문이다

> 욕망은 비즈니스의 시작이여~ㅋ!

> YES!!!

> !!!

08. 이슈를 활용한 '유혹 마케팅'

백남준

[1932.7.20.~2006.1.29.]

두 명의 여자가 무대 위로 오르고 있다. 앗! 그런데 그녀들은 몸에 아...아무것도 걸치지 않았다!!!

"이... 이게 뭐야... 너무 민망스러운 거 아냐?"
"조용히 좀 해...사람들이 우릴 쳐다보잖아..."

전시장 안은 술렁였다. 잠시후, 나체의 두 여인은 서로의 몸에 물감을 바르기 시작했다.

"오 마이 갓!! 한 여자가 다른 여자에게 마구 끌려 가고 있어!!! 온몸에 물감이 묻은 채로 말야!!"

"이게 뭔 일이다냐??"

당시 이 광경을 지켜보던 관객들은 심한 충격을 받았고, 이 전시를 기획한 사람은 엄청난 주목을 받게 되었다.

이슈를 끌어낸 행위 예술가들은 자신의 작품을 캔버스 안에만 묶어 두지 않는다.

"저...여자!!!"
"완전 섹시해!!"
"쪼금만 참아 봐.."
"아..야야!!"

자신의 생각과 아이디어를 전혀 예상치 못한 방식으로 표현해 사람들에게 충격을 주거나 독특한 이슈를 만들어 기억하게 한다.
이처럼 예술가들은 호기심과 충격을 통해 사람들의 관심을 자극하는 마케팅을 펼친다.
평범한 것은 평범함에 그칠 뿐이며, 잠시 기억되었다가 이내 사라지기 때문이다.

예술가들은 관객을 무대 안으로 모이게 하는
기술을 끝없이 연구하고 계획한다.
여기서 스포트라이트는 예술가들의 작품에
무한 에너지로 작용한다.

거장들 역시 세상의 '이슈'를 마케팅에 적극 활용했다.
화제가 될수록 그 사실을 즐겼고,
이슈가 필요한 기업들은 예술가의 작품을
구입하기 시작했다.

보통 사람들은 세상이 자신을 주목하는 데 많은
부담을 느끼지만, 한편으로는 자신에게
스포트라이트가 비추어지기를 바라기도 한다.
이것이 사람의 본성이다.

예술가들은 이슈를
만들어 내는 '유혹 마케팅'을
전략적으로 사용한다.
침묵으로 일관하는 행위 예술 등
보통 사람들은 생각지도 못하는 일들을 벌인다.
그러면서 사람들을 유혹하고
욕망을 자극하기도 한다.

관중을 압도하는 예술가를 본 적이 있는가?
이때, 그들은 자신의 모든 것을 걸고 공연을 펼친다.
주목과 이슈는 예술가의 강력한
에너지 공급원이 된다.

> 살바도르 역시 세상의 이슈로 주목받았다!!!

> 피카소 역시 세기의 이슈로 기억된다!!

몇 해 전, 인상 깊게 본 광고가 있다.
중년 남성이 화면에 나와 사람들의 호기심을 자극하는 대사를 한다.

"남자한테 참 좋은데, 뭐라 표현할 방법이 없고."

어딘지 모르게 야릇하면서 호기심을 불러일으키지 않는가. 이 간단한 대사는
많은 이들의 머릿속에 각인되었고 한때 유행처럼 번져 나갔다.

광고의 주인공은 건강식품으로 유명한 모 식품의 회장이다.
그는 이 광고를 시작으로 책도 쓰고 강연도 하며
적극적으로 사업을 추진해 갔다.

> 제가 큰 힘이 되었죠? ㅋㅋ

> 저는 사업이 폴딱 망한 적이 있지요. 하지만 그 계기로 어떻게 다시 일어설 수 있는지 정확히 알게 되었죠!!

**이슈는 호기심을 자극한다. 예술가들은 평범함을 거부하고
더욱 도발하여 이슈를 만들어 낸다.
사람들의 기억 속에 호기심을 유발하는 마케팅 전략은
성공 가능성을 더욱 높여 준다.**

예술도 비즈니스와 다르지 않다. 사람들의 관심을 끌어당기는 매력을 발산하는 것,
그 중심에는 고객의 심리를 자극하는 고도의 기술이 필요하다.

독일의 한 거리, 한 남자가 사람들 사이로 무언가를 줄에 매달아 끌고 가고 있다.

'드르륵 드르륵' 바닥에 닿을 때마다 소리는 더욱 요란해지고 거리를 지나다니고 있는 사람들의 시선은 그 남자와 줄에 매달린 물체에 집중된다.

호기심에 가득 찬 사람들이 시선을 돌려 그 물체를 자세히 바라보니 그것은 다름 아닌 바이올린이었다.

당시 사람들의 반응은 제각각이었을 것이다.

"저것 봐! 저 사람 미쳤나 봐!"하는 사람, "뭐지? 저 사람 누구지?" 하는 반응도 있었을 것이다. 사람들의 상식을 깨는 발상과 행위로 그 남자는 매스컴의 주목을 받게 되었다.

또 한번은 이런 일도 있었다. 뉴욕에서 많은 이들을 초대한 피아노 연주회가 열렸는데 거기서 충격적인 사건이 일어난다.
연주회가 시작됨을 알리고 난 뒤, 잠시 후 **모자를 쓴 한 남자가 무대 위에 나타난다.** 그러고는 **커다란 고급 피아노 앞에 서더니 한 손에 들고 있던 물체로 피아노 위를 내리친다.**

연주회에 참석한 사람들은 그 광경을 보고 경악해 입을 다물지 못했다. 남자가 들고 있던 것은 다름 아닌 커다란 도끼였다.

공연 시간 내내 남자는 커다란 도끼로 피아노를 부수었다.

거친 파열음과 충격적인 장면을 목격한 사람들은 그 순간을 평생 기억하게 되었고, 각 신문과 매스컴에서도 이슈로 보도되었다.

그 퍼포먼스를 기획한 사람은 바로 대한민국의 자랑스러운 화가이자 세계적인 아티스트! **백남준**이다.

(그는 예술적 동지였던 전위 예술가 요셉 보이스와 함께 충격적인 퍼포먼스를 선보이며 많은 이들에게 놀라움을 선물했다)

만약, 당신의 분야에서 미술계의 거장들이 펼친 비즈니스 마케팅을 응용하고자 한다면 **보통 사람들이 생각하고 행동하는 관점을 뒤집어 버려야 한다.**

예술가들은 자신의 생각을 단지 캔버스 안의 그림으로만 펼쳐 보이지 않는다. 보다 적극적인 행위 예술로 사람들에게 새로운 충격을 주기 위해 항상 노력한다. 늘 바라보고 느끼는 평범함은 사람들의 관심으로부터 멀어질 수밖에 없다.

상상을 깨는 독특한 발상이 더해졌을 때, 대중의 기억 속에 오래 자리 잡을 수 있다. 그러기 위해서는 먼저 상대방이나 고객에게 강하게 어필할 수 있는 이미지가 무엇일지 고민해야 한다.

남들이 하는 것을 그대로 따라 하는 것이 아닌 자신만의 강점과 장점을 부각시키려는 노력이 필요하다.

왈!!왈!!

남들을 따라 한다면 그곳에서 영원히 벗어나기가 어렵다!!! 예술계와 비즈니스의 거장들은 자기만의 길을 끈질기게 만들어 나간 사람들이다!!!

진중한 성격이라면 진중하게, 친절한 성격이라면 친절하게, 자신이 가진 장점을 마케팅 도구로 개발하고 활용하는 훈련을 지속해 보자.

중요한 것은 사람들의 관심을 끌어당기는 호기심과 자극이다.

분명 효과가 있을 것이다.
남의 것이 아닌 자기만의 기술과 도구를 갈고 닦으면 상대나 고객의 마음을 여는 강력한 진심이 된다.
남의 이야기는 그저 남의 것일 뿐이다.

소화에는 까스 활명수지~!!ㅋ

벤치마킹은 벤치마킹일 뿐,
남의 것을 빌려와 만들어지는 것이라면 효용 가치는 떨어지기 마련이다.

비즈니스 세계에서는 겉모습만 그대로 가져와 봐야 승산이 없다. 핵심 내용을 자신의 것으로 소화시켜야 승산이 있다.

상대의 장점을 흡수하더라도
자신의 장점과 결합시켜
새롭게 재구성해야 이슈가 된다.

당신이 펼쳐 나가려는
마케팅도 이와 다르지 않다.

당신의 이미지와 가장 잘 맞는
분야를 찾아내, 어떤 부분을 활용해
상대의 호기심을 자극할 것인지를
항상 연구하고 적용해 나가야 한다.
그것이 바로 이슈를 이용한
유혹 마케팅의 출발이다.

미술 거장들은
상대나 고객이
무엇에 호기심을 갖고
강하게 자극받는지
연구했다.

이를 활용해
이슈를 만들기
위해 노력하고,
시선을 끌기
위한 수단에
제한을 두지
말고 마음껏
상상하자.

그것이 나체든, 충격이든, 생활 쓰레기든 상관없다.
이슈를 성공시킨 사람은 유혹 마케팅을 펼쳐 나간
사람들이라는 사실을 기억하기 바란다.

09. 최소 비용, 최대 효과 '북Book 마케팅'

나라 요시토모

[1959.12.5.~]

전시장 한가운데 사람들이 웅성거리는 소리가 들린다.

"와! 저것 봐! 저 여자아이 완전 ~귀엽다!!"
"어디, 어디? 오호~정말 예쁘고 사랑스러워!"

사람들의 소리를 따라 발걸음을 옮겨 보니
동화 속의 그림처럼 작고 예쁜 집이 보인다.

20대로 보이는 여대생들이 벽에 대고
무언가를 유심히 바라보고 있었는데,
호기심을 참지 못하고 그곳으로 발길을 향했다.

'앗! 조그만 구멍이 있다!'
그 사이를 사람들이 쳐다보며
소곤소곤 이야기하고 있는 것이
아닌가!'

잠시 후 관람하던 여대생들이
자리를 떠난 후 작은 구멍 안
을 들여다보았다.

"와! 정말~!! 독특한 꼬마
여자아이가 이 안에 있네!!"

그 안에는 예쁜 그림들, 색연필,
장난감, 스케치북으로
가득했다.

그리고 뽀로통한 얼굴을
하고 있는 귀엽고 깜찍한
아이가 '뭘~봐!'하는 표정으로
째려보고 있었다. ㅋㅋㅋ!!

전 세계가 주목하는 일본의
떠오르는 아티스타,
나라 요시토모의 작품이다.

오직 작은 구멍으로만
볼 수 있는 동화 속 세계!

그 안에 실제로 아이가
살고 있는 듯 연출한 작품!

**'어떻게 이런 기발한
생각을 할 수 있었을까?"**

그것은 바로 **책**이었다!!!

그는 화가이자 글을 쓰는 작가이다.

그동안 여러 국제 전시를 통해
만난 일본인들은 언제 어디에서나
몸에 책을 지니고 다녔다.

그들은 한 권의 책이 최고의 마케팅
도구가 될 수 있음을 알고 있었다.

나라 요시토모는 화가로도 잘 알려져 있지만, 책을 쓰는 작가로도 유명하다.

그는 자신의 작품과 이미지를 세상에 알리는 데 있어 책을 적극 활용했다.
자신의 세계를 다량의 책으로 집필하여 발표하면서
지적이고 깊이 있는 화가로 사람들에게 인정받고 있다.

우리가 익히 알고 있는 대한민국의 거장 이중섭과 박수근
역시 책을 통해 세상에 알려지게 되었고, 오늘날까지 사람들의
기억 속에 자리하게 되었다.

'책은 최고의 마케팅 기술이다!!'
최소 비용으로 최대 효과를 누릴 수 있는 방법이다.

미술계의 거장들 역시 이 사실을 누구보다 잘 알고 있었다.
팝 아트의 황제 앤디 워홀도 아트 마케팅의 일환으로
책(인터뷰 자서전, 잡지 등)을 적극 활용했다.

나라 요시토모는 예쁘고 귀여운 그림을 그리는 대부분의 기존 작가
들과는 달리 자신이 집필한 도서를 선보이며 자신의 위치를 선점했다.
책은 그의 예술 세계를 널리 알리는 데 엄청난 역할을 했다.

말로 다하지 않아도 그가 집필한 도서 목록을 보면 그의 생각과 작품 세계를 깊이 있게 바라보고 느낄 수 있다.

남들과 다른 전략으로 자신의 사업을 알리고자 한다면 책을 적극 활용해 보라!

당신이 지금 하고 있는 일은 책으로 집필될 만한 가치가 충분하다.

그러기 위해서는 먼저 지금 하고 있는 일에 대한 분석과 정리가 필요하다.

그것이 직업이든, 사업이든, 학업이든 조금만 더 집중하고 관찰하여 글로 정리해 간다면 한 권의 책으로 만들 수 있다.

중요한 것은 선택과 집중이다. 책이라는 강력한 힘을 지닌 매체와 결합하면 당신의 사업도 더욱 빛을 발하게 된다.

> 책은 위대한 힘을 가지고 있다!!!

뉴욕의 한 만화가가 쓴 **《연필 깎기의 정석》**이라는 책이 있다.

제목부터가 흥미로워 호기심을 자극한다. 저자는 자신이 집필한 기발하고 독특한 책을 통해 많은 사람들의 주목을 받게 되었다. 장인의 혼이 담긴 연필 깎기를 강연에서 선보이기도 하고, 연필 깎기 전문 도구를 제작해 판매하여 놀라운 수익을 창출했다.

이 얼마나 독특하고 기발한가!!!

> !!!
> 저는 책을 집필하면서 제 인생을 더욱 업데이트하게 되었지요!! 책은 위대합니다!!!
> 역쒸~!!
> 부러워~!!

사실 이런 사례들은 우리 주변에 엄청나게 많이 있다!!!

10. 기업과 함께하는 '아트 마케팅'

무라카미 다카시

[1962.2.1.~]

"와! 정말 귀여워!"
"어떻게 이렇게 앙증맞을 수 있지?"

최근 국내에서 어른들과 아이들 모두 밝게 웃고 즐길 수 있는 전시가 열렸다. 해맑게 웃고 있는 꽃 모양의 캐릭터들과 만화 영화에서 쏙! 하고 튀어나올 것만 같은 귀엽고 깜찍한 외계인들이 관객들을 반겼다.

바로 세계적인 브랜드 루이비통과 손을 잡고 콜라보레이션을 펼치는 일본의 대표적인 팝 아트 작가 **무라카미 다카시**의 전시회였다.

그는 화가이면서 아트 마케팅 사업을 펼치는 기업가이다.
그의 초기 작품을 살펴보면 성적이고 도발적인 망가 스타일의 작품들도 있다.

전형적인 **오타쿠** 기질이 있다고 말하는 무라카미 다카시는
작품을 통해 세상의 유혹과 욕망을 이야기하고 있다.

그는 이 전시를 통해 시대는 변했고 예술 역시 새로운 모습으로
변화하고 있다는 사실을 보여 주었다.
만화가 예술이 되는 시대를 보여 주었다.

미술사의 흐름을 완전히 뒤집어 버린 현대 미술계의 거장 '피카소', '앤디 워홀', '로이 리히텐슈타인'이 나타난 이후 화가는 더 이상 빈곤의 이미지가 아니다. 상상을 초월하는 경제적 부와 명예, 예술성 모두를 거머쥔 아티스트가 되었다.

현대 미술에서 가장 주목받고 있는 아티스트 '제프 쿤스', '데미언 허스트', '무라카미 다카시'등의 화가들은 보통 사람들이 생각하는 화가의 이미지와는 전혀 다른 인생을 살아가고 있다.

그들은 기존의 인식을 완전히 뒤집어 버렸다.
이제는 '캐릭터', '만화', '웹툰'이 고가의 작품이 되었다. 몇십억, 몇백억의 금액으로 옥션과 크리스트 경매에서 판매되고 있고, 이미지 마케팅의 일환으로 여기저기서 앞다투어 콜라보레이션을 제시하고 있다.

"에이, 말도 안 돼. 저것이 어떻게 그림이야? 만화지!"

이렇게 말했던 사람들도 세계적인 시장에서 그의 그림이 고액으로 판매되는 것을 보며 적지 않은 충격을 받았을 것이다.

지금 기업들은 아트 마케터인 예술가들을 원하고 있다.
순수 미술을 고집하는 작가들보다는 적극적으로 자신을 마케팅할 줄 아는 예술가들과 손을 잡으려 한다.

이처럼 인간의 삶은 '마케팅 전쟁' 이라고 해도 과언이 아니다.

물건을 팔아야 하고, 자신의 가치를 세상에 적극적으로 알려야 하는 세상이 바로 지금이다.

유혹과 욕망의 코드를 정확히 찾아내 사람들을 자극하여 성공적인 마케팅을 이루어 내는 것이 승리의 핵심이다.

PART 2.

열정의 기술
: 헌신과 애증의 기술

11. 숭고와 헌신의 대상 선정 : **빈센트 반 고흐**

12. 자기 정복을 위한 반복의 기술 : **미켈란젤로 부오나로티**

13. 거인의 어깨에 올라타라 : **장 미쉘 바스키아**

14. 시기와 질투는 최고의 찬사다 : **로이 리히텐슈타인**

15. 삶의 태도를 재정립하라 : **앨리슨 래퍼**

16. 직관과 이성을 통한 혼의 완성 : **잭슨 폴락**

17. 상처를 승화시킨 애증의 기술 : **프리다 칼로**

18. 또 다른 나, 물아일체 : **척 클로스**

19. 자신의 고통을 강점화시켜라 : **쿠사마 야요이**

20. 가리고 싶은 상처를 토해 내라 : **트레이시 에민**

21. 사람들의 편견과 야유를 뒤집어 버려라 : **조지아 오키프**

11. 숭고와 헌신의 대상 선정

빈센트 반 고흐

[1853. 3. 30. ~ 1890. 7. 29.]

Vincent van Gogh

거울 앞에 서 있는 한 남자의 모습이 보인다.
그는 거울 속 자신의 얼굴을 응시하다가 손으로
이내 젖은 얼굴을 닦아 낸다. 그러더니 잠시 후,
무언가를 결심한 듯 다시 밖으로 나와 자리에 앉는다.

"이제 모든 것이 준비되었어!!!"

광기 어린 푸른빛의 눈은 어느새
새하얀 캔버스를 바라보고 있었다.

Vincent Van Gogh

사람들은 나를 미쳤다고 말한다!
그렇다! 나는 내가 원하는 것에
완전히 미쳤다!!!

잠시 무엇인가를 생각하던
남자의 손이 거세게 움직이기
시작한다.

'슥!슥!'

드디어 새하얗던 캔버스 위에 유화 물감의
덩어리가 묻어가기 시작한다.

"나의 영혼을 이 안에 모두 담으리라!"

한때 성직자의 길을 가고자 했던 그는
내성적이고 완고한 성격 탓에 꿈을 이루지 못했다.

당신은 당신이 원하는 것에
완전히 미칠 각오가 되어 있는가?
나는 나의 영혼을 모두 담아 빈센트
반 고흐가 되었다!!!

하지만 행동이 너무 광적으로 비추어져
끝내 사람들에게 외면당하고 말았다.

엄청난 카리스마!

내성적인 성격 탓에 가까이 지내는 친구도 없었다. 오로지 자신의 이야기를 들어 주고 위로해 주는 동생만이 있을 뿐이었다.

다른 일을 찾아서 해 보려했지만, 성격은 나아지지 않았고 세상은 그를 무능력한 인간으로 취급했다.

"나가요! 이제 더 이상 당신에게 줄 공짜 술은 없으니까."

"얘들아! 이 미친 사람을 당장 끌어내!"

건장한 두 남자에 의해 밖으로 끌려간 남자는 술집 주인에게 소리쳤다.

"한 병만! 딱 한 병만 더 주면 안 되겠소?"

"내가 그린 그림을 술값으로 대신할 테니!"

이 말을 들은 주인은 어이없다는 표정으로 고개를 저으며 말했다.

"드디어 미쳤군! 당신이 그린 그림을 어느 누가 산단 말이오!"

차가운 거리에 내동댕이쳐진 남자와 그가 그린 노란빛이 강렬한 유화 그림 한 점.

꺼져!!! 이 미친 화가 양반아!!

이 일화는 오늘날 전 세계인들에게 사랑받는 빈센트 반 고흐의 그림을 두고 얽힌 이야기이다.

그는 너무 외로웠을 것이다. 자신의 숭고하고 헌신적인 혼의 결정체가 무시당하고 밟히고 외면당하는 현실에 무척 힘들었을 것이다.

100여 년이 지난 지금, **빈센트 반 고흐**의 작품은 전 세계 사람들에게 많은 사랑을 받고 있다.

성직자의 길을 가고자 했던 그는 어쩌면 그림을 통해 그토록 원하던 길을 완성하고자 했는지도 모른다.

그는 한 번 그림을 그리기 시작하면 시간이 어떻게 흘러가는지도 몰랐으며 굶기를 밥 먹듯 하면서 작품에 몰입했다고 한다.

그의 그림을 보고 있으면 그가 얼마만큼 자신의 혼을 담아 숭고한 열정과 헌신을 작품에 담아냈는지 느껴진다.

서른 중반을 넘어 그림을 시작한 그는 죽음에 이르는 순간까지 미친 듯이 계속 그렸다.

나는 보통 그림이 아니라구! 혼의 결정체!!

와! 강렬함!!

경제적으로 실패하고, 사랑에도 철저하게 실패한 그였지만 자신의 온 열정을 담은 그림에서 만큼은 불멸의 신화를 이루어 냈다.

오늘날 우리는 그를 '**불멸의 천재 화가**', '**태양을 삼킨 천재 화가**'라고 칭한다. 그림에 대한 그의 숭고한 사랑과 헌신적인 노력이 없었다면 지금 우리가 빈센트 반 고흐라는 거장을 기억할 수 있었을까?

매스컴에서 자주 들었던 그의 말년, 비극적이고도 드라마틱한 이야기를 우리는 알고 있다.

권총 자살, 미친 광기, 스스로 귀를 자른 미친 화가 등으로 기억하기보다는 그의 숭고하고도 헌신적인 예술의 열정을 느끼고 배우는 것이 더 가치 있는 일이 되지 않을까.

감동적이다!

나는 나의 모든 것을 걸고 예술에 혼을 담았다!!! 그리고 마침내 거장이 되었다!!!

당신에게도 가장 원하는 대상이 있을 것이다. 그것이 돈이든, 성공이든, 사랑이든 말이다.

보통 사람들과 거장들의 차이는 바로 자신이 간절히 원하는 대상에 혼을 담았느냐 아니면 단순히 일이라고 생각했느냐를 놓고 극명하게 구분된다.

역시 반 고흐!!! '혼'의 거장!!

당신은 인생에서 한 번쯤 '미친 놈' 소리를 들어 보아야 한다!!!

대부분은 직장이나 사업, 하고 있는 일에 지극히 수동적인 태도로 임한다. 누군가 지시하거나 시키지 않으면 하고 있던 일을 멈추거나 다른 생각에 빠진다. 그러면서 항상 탈출을 꿈꾼다. 하지만 한 시대를 풍미한 거장들은 어떠한가. **그들은 아주 작은 일이라도 자신의 모든 것을 걸고 그 안에 '숭고와 헌신의 혼'을 담아낸다.** 그래서 때로는 미친놈 소리를 듣기도 한다.

남들이 조금이라도 쉬려 할 때 몸과 영혼을 아끼지 않는 열정적인 모습이 때로는 미친 사람처럼 보이기도 한다.

하지만 무조건 열심히 한다고 해서 사람들에게 감동을 주는 것은 아니다.
**중요한 것은 '혼을 담는 열정'이다.
당신이 이루고자 하는 업적에 사람들에게 감동을 주는 '혼'을 담아 보라.**
혼이 담긴 작품은 사람들에게 진한 감동을 준다.

그러기 위해서는 먼저 종교적 헌신에 가까운 노력과 투자 대상을 선정해야 한다. 그리고 그것에 혼을 담아 헌신하면 기회는 반드시 온다.

처음에는 잘 느끼지 못하지만, 몇 차례 만남을 가져 상대를 파악할 때가 오면 고객은 감동을 넘어 혼을 예찬한다.

당신의 비즈니스 안에 거장들의 열정과 헌신의 혼을 담는다면 더욱더 큰 성과를 만들어 낼 수 있다.

세상은 빠르게 변하고 속도를 예찬하는 시대가 되었지만, 그 안에 혼이 없다면 일시적인 유행으로 끝나고 만다.
내가 만드는 대상에 혼이 없다면 자신은 물론이고 고객들도 그 사실을 쉽게 알 수 있다.
쉽게 만들려는 순간의 감정을 내려놓고,
**열정과 헌신으로 자신이 하는 일을 대하자.
그것이 거장으로 가는 지름길이며 비즈니스 전략이다.**

혼의 결정체!!

나도!!!!!

예술가!!!

역시 빈센트!!

당신의 심장에 '뜨거운 그 무엇'이 담겨 있는가?
진정으로 원하는 것에 목숨을 바칠 '혼'이 있는가?

멋쪄!!

12. 자기 정복을 위한 반복의 기술

미켈란젤로 부오나로티

[1475.3.6 ~ 1564.2.18.]

Michelangelo Buonarroti

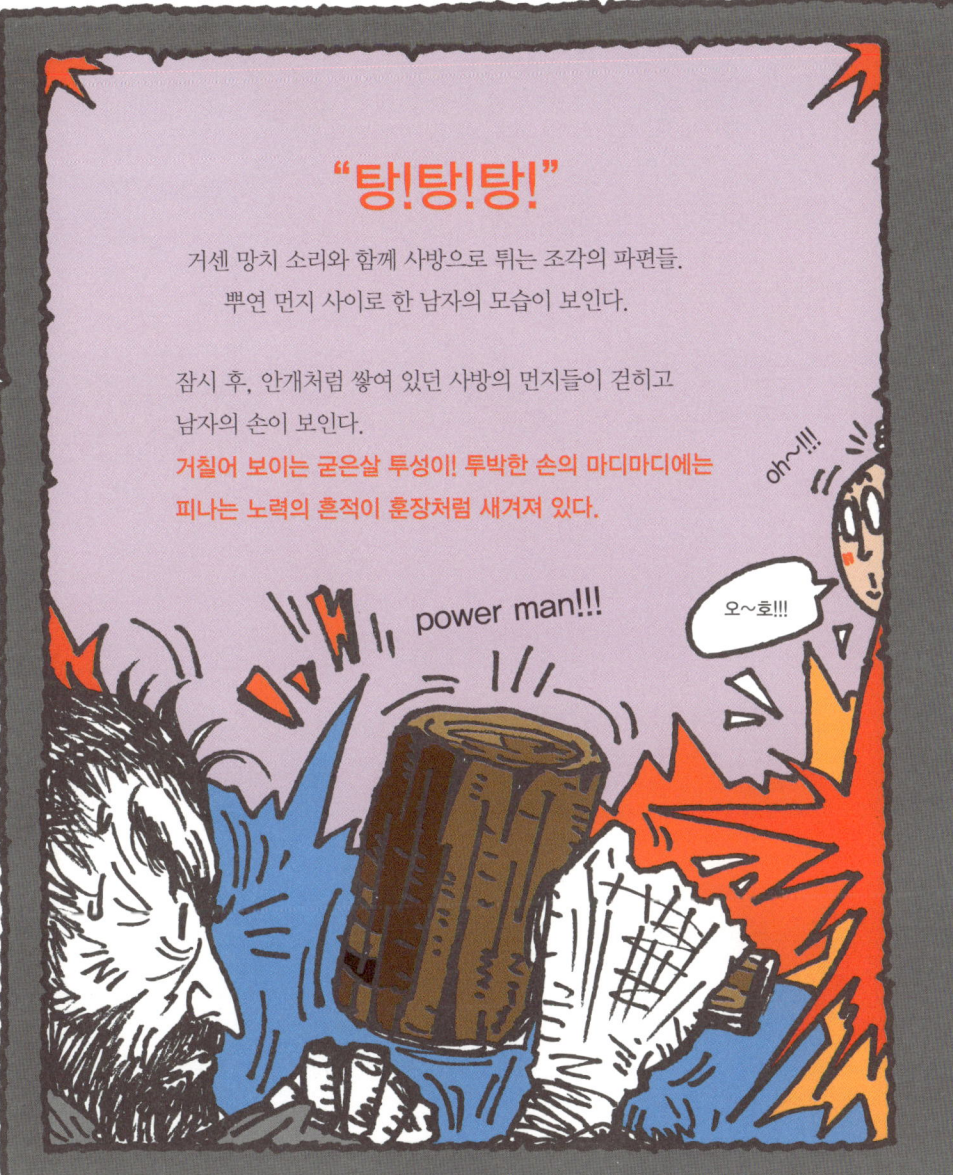

"탕!탕!탕!"

거센 망치 소리와 함께 사방으로 튀는 조각의 파편들.
뿌연 먼지 사이로 한 남자의 모습이 보인다.

잠시 후, 안개처럼 쌓여 있던 사방의 먼지들이 걷히고
남자의 손이 보인다.
거칠어 보이는 굳은살 투성이! 투박한 손의 마디마디에는
피나는 노력의 흔적이 훈장처럼 새겨져 있다.

"철컹!"

어디선가 철문을 여는 소리가 들리고
한 남자가 그의 앞에 다가선다.

"자네, 도대체 언제까지 이 말도
안 되는 작업을 계속할 생각인가?"

"좀 적당히 하게! 보이지 않는 곳까지
바라보는 사람은 없다는 말일세!"

방금 들어온 남자의 말에 망치를
쥐고 있던 그가 입을 연다.

"다른 사람은 못 볼지 몰라도
제 눈에는 보입니다."

이 한마디 말을 남기고 그는 다시
거대한 돌 앞으로 다가가 마저 작업을 한다.

"으휴! 세상에 융통성이라곤
없는 사람이라니까!"

결국, 적당히 하라고 했던
남자는 고개를 흔들며 자리를 떠나고 만다.
철문이 닫히고도 거센 망치 소리는
한참 동안 계속되었다.

당신은 예술가의 손을 본 적이 있는가?
특히 조각가의 손을 본 적이 있다면
거친 세월의 흔적을 고스란히 느낄 수 있을
것이다.

우리가 너무도 잘 알고 있는 미술계의 거장 미켈란젤로의 이야기를 시작으로
'자기 정복을 위한 반복의 기술'을 전하려 한다.

레오나르도 다 빈치와 더불어 우리에게 친숙한 **미켈란젤로**.
그의 삶을 살펴보면 자신의 작품에 얼마나 열정을 다했는지 알게 된다.
그의 사전에 적당히라는 말은 없었다.
누가 보든 보지 않든, 온 정성을 다해 작품을 완성했다.

주변에서는 **"적당히 좀 하게! 누가 그곳까지 보겠나?"** 하며 빨리
마무리하라고 재촉했지만, 결코 흔들리지 않았다.
**그에게 있어 작품은 그의 모든 열정과 헌신이 담긴 '혼'이었고,
자기 정복의 완성이었다.**

거대한 대리석을 한참 바라보며
작은 돌조각 한 점 한 점 깎아 낼 때 역시
온 정성과 혼을 담아 완성했다.

**오늘날 미켈란젤로를
미술계의 거장이라고 인정하는 이유도
열정과 헌신으로 작품을 대하는
자기 극복의 정신이 있었기 때문이다.**

언젠가 성당 벽화의 완공을 위해
천장 벽화를 작업하고 있던 미켈란
젤로에게 투자자였던 한 귀족이 마무리
작업을 재촉한 적이 있었다.

"벽화를 제게 맡기셨죠?"
"저는 제가 만족할 때
완성합니다!!!"
"그만 나가 주시죠!!"

그의 말에 귀족은 속으로
'에이~융통성 없는 미친 녀석!'
이라고 생각했을지 모른다.
그렇다면 결과는 어땠을까?

지금 우리는 그 귀족이 누구인지도 모르고 관심도 없다.
하지만 몇백 년이 지나도 미켈란젤로라는 위대한 거장은 뚜렷하게 기억한다.

**앞으로도 그는 세기의 역사에 길이 남아 있을 것이다.
열정과 헌신의 혼은 바로 이런 것을 두고 하는 말이다.
누가 보고 있지 않아도 자신과의 싸움에서
최선을 다하려는 치열한 노력.
그 과정에는 뼈를 깎는 고통이 수반되지만
결과의 열매는
정말 크고 위대하다.**

이제 그만하고 포기해야 하나..

당신은 우리가 안 보여요?

아빠! 아빠!

"왜 사서 고생을 해야 하지?", "이렇게 한다고 해서 남들이 알아주는 것도 아니잖아?"
스스로에게 변명하며 덮고 넘어가는 일들도 많았다. 옛말에 '나의 적은 바로 나 자신'이라는 말이 있다.
자신을 넘어서지 않으면 평생을 '적당히', '대충대충'이라는 생각을 몸에 달고 살게 된다.
남이 이루어 놓은 성공의 결과만을 부러워하며 **'이래서 나는 안 되나 봐...'** 하고 자책하게 된다.

**지금 당신의 자세는 어떤지 미켈란젤로를 통해
냉철하게 점검해 보기 바란다.**
사람들은 대개 모든 것을 치밀하게
완성하려 하기보다는 바로 눈앞에 보이는
부분만을 신경 쓰며 살아가고 있다.

나 역시 미켈란젤로의 열정과 헌신이 담긴
혼을 만나기 전까지는 '적당히!'라는 말을
입에 달고 살아왔다.

**'혼'은 철저한 자기 정복에서 시작된다.
그것이 진정성과 혼이 담긴
비즈니스 마케팅의 시작이다.
처음에는 눈에 띄지 않아도 시간이 지나면
고객들이 먼저 알아보고 다가온다.**

"제가 1년이 지나도록 돌아오지 않으면
소설을 쓰지 못해서 자살한 것으로
아시고 아내와 아이들을 잘 거두어
주시기 바랍니다!"

저는 한번 한다고 하면 끝까지 하는 사람입니다!!!

…

저의 목숨을 걸었심더!!!

이 한마디 말을 남기고 떠난 작가를
알고 있는가?

**극한의 배수진을 치고 자신의 목숨을
걸어 치열하게 글을 쓴 이 시대의 거장, 이외수!!!**
그의 글은 지금 우리에게 진한 감동과 울림을
전해 주고 있다.

13. 거인의 어깨에 올라타라

장 미쉘 바스키아

[1960.12.22.~1988.8.12.]

얼마 전, 아내와 함께 백화점에 옷을 사러간 적이 있다.

5층 코너에 막 도착할 무렵 한 꼬마 아이가 내 앞을 지나가고 있었는데, 그 아이의 등에 선명하게 찍힌 무늬가 눈에 들어왔다.

"왕관이야! 여보, 그 왕관! 알지?"
"맞다! 검은 피카소로 불리는 작가 말이야!"
"갑자기 이름이 생각이 안 나."

검은 피카소라는 아내의 말에 순간 그의 이름이 떠올랐다.

장 미쉘 바스키아는 검은 피카소로 불리며 현대 미술의 거장이 되었다.

그는 뉴욕의 도심을 돌아다니며 벽에 알 수 없는 글과 그림을 낙서화로 담아내 세상의 주목을 받았다.

하지만 그가 더욱 유명해지게 된 계기는 바로 팝 아트의 황제이자 거인인 앤디 워홀의 어깨에 올라타면서 부터이다.

당시 슈퍼스타였던 앤디 워홀이 기존의 예술가와는 다른 그의 낙서화에 관심을 가졌기 때문이다.

사실, 그렇게 된 데는 그의 끈질긴 근성과 노력, 마케팅의 공이 크다.

장 미쉘 바스키아는 예술적 재능을 보여 주기 위해 그 자리에서 즉흥적으로 앤디 워홀의 얼굴을 그려 보이기도 하였으며, 그의 주소를 알아내 바로 위층을 임대해 살기까지 했다.

이러한 노력 덕에 앤디 워홀과 인연을 맺을 수 있었으며, 그 역시 거장의 반열에 오르게 되었다. 앤디 워홀을 만나기 전에도 그는 사람들에게 예술적 재능으로 주목받고 있었다. 하지만 작은 성공에 멈추지 않고 앤디 워홀이라는 거장과 함께 자신의 예술을 펼쳐 나가려는 끈기와 노력이 성과를 이루어 냈으며, 마침내 미술계의 한 획을 긋는 거장이 되었다.

장 미쉘 바스키아가 천부적인 재능이 있었다고 해도 그것을 완성하는 시간과 노력은 상상을 초월했을 것이다. 또한 세상을 열광시키는 아이디어도 혼자 만들어 냈다면 일시적으로 끝나고 말았을 것이다.

하지만 앤디 워홀을 만났기에 그는 거장의 반열에 들어설 수 있었다.

당신에게도 거인의 어깨에 올라타기 위한 노력과 헌신, 끈기가 필요하다.

비즈니스에 필요한 도움을 줄 거장 혹은 멘토를 찾았으면 그와의 인연을 만들기 위해 최선을 다하라. 가만히 앉아 누군가 오기만을 기다려서는 안 된다. 세상의 모든 기회는 움직이고 행동하는 자에게 다가온다.

비즈니스를 하다 보면 생각이 많아질 때가 있다. 이때, 생각을 많이 하다 보면 그 생각 안에 갇혀 버린다.

때론, 차분한 곳에서 친숙하게 명상하는 것도 중요하다.

하지만 행동이 수반되는 생각이 더욱 값진 열매를 맺는다. 항상 기억하라. 그 행동이 거인과 함께한다면 상상을 초월하는 성과를 낼 것이다.

"그럼 어떻게 거인을 만날 수 있습니까?"
"제 주변엔 저와 비슷비슷한 사람들밖에 없는데요!"

이렇게 이야기하는 사람들이 많다. 그렇다. 거인을 만나기란 쉽지 않다. 눈을 씻고 찾아봐도 주변에 거장과 같은 인물이 없을 수도 있다. 그렇다고 해도 미리 포기할 필요는 없다.

나 역시 그랬으니까.
한때 나도 '왜 내 주변에는 업적을 이룬 거장들이 없는 것일까?'하고 환경을 탓했다.

거장을 만날 수 있는 방법은 바로 책 안에 있답니다!!

사실 인간관계는 자석과도 같아서 비슷한 사람들끼리 만나고 어울리게 된다.

그러니 주변에 거장들이 없다는 것이 당신의 탓도 아니지만, 주변 탓만 할 문제도 아니다. 대신 이제부터 찾아 당신의 것으로 만들면 된다.

거인의 어깨에 올라타는 방법에는 크게 두 가지가 있다.

거인을 직접 만나거나, 그가 집필한 책을 통해 만나는 것이다.

사실, 거인을 직접 만나기란 쉽지 않다.

그렇다면 당신과 내가 할 수 있는 최선의 방법은 **거인이 인생을 걸고 집필한 책을 읽는 것이다.**

이 시대가 인정하는 거장들은 이 두 가지 방법을 실행했다. 자신이 닮고 싶은 거장을 직접 만나거나, 거장이 쓴 책을 읽으며 정신적인 교감을 이루었다.

14. 시기와 질투는 최고의 찬사다

로이 리히텐슈타인

[1923.10.27 ~ 1997.9.29.]

"저것도 그림이야? 애들 장난하는 것도 아니고!"
"그림이라면 모름지기 정성과 품격이 들어 있어야지!! 쯧쯧쯧!!"

국내 대형 미술관을 찾았던 어느 가을, 전시 관람 중 옆에 있던 노년의 두 남자가 하는 이야기를 들었다.

관람 동선이 비슷했던 관계로
나는 그분들과 함께 전시장을 걷게 되었다.

2층에는 현대 미술 팝 아트 작품들이 전시돼 있었고, 1층에서는 사실적인 풍경을 담은 작품들이 전시돼 있었다.

"이제 좀 볼만 하구먼!!!"
"그림이란 이 작품처럼 노력과 정성이 담겨야지!!!"

그분들은 그제야 자신들이 보고 싶었던 풍경의 그림을 봤다는 듯 흐뭇해했다.

대부분의 사람들은 익숙한 것에서 친밀감과 안도감을 느낀다.

그날 나는 다시 한번 깨달았다.
사람은 자신이 생각하는 것과 다르다는 이유로 무자비한 독설을 해댈 수 있음을.

그렇다면 미술계의 거대한 획을 그은 거장들은 당시 사람들의 고정관념과 시기, 질투로부터 자유로울 수 있었을까?

사실, 사람들의 시기와 질투를 받지 않았던 거장들은 없었다.

미술 거장뿐만 아니라 비즈니스의 거장들도 마찬가지다.
그들은 최고의 찬사와 더불어 지독한 비난 세례를 받는 경우가 많았다.

"시기와 질투, 악플에 강해져야 거장이 됩니다!!!"

비즈니스를 펼쳐 나가려는 당신에게도 예외는 아닐 것이다.
그 과정을 견디고 돌파해 나가느냐 나가지 못하느냐에 따라 자신의 인생과 비즈니스가 달라진다.

현대 미술의 새로운 흐름을 만들어 낸 팝 아트 작가 로이 리히텐슈타인.
국내에서는 그의 이름보다 그림으로 많이 알려져 있다.

그는 몇 해 전, 매스컴에서 정치적으로 이슈가 되었던 고가의 작품 〈행복한 눈물〉의 주인공이다.
팝 아트의 황제 앤디 워홀과 동시대에 살았는데, 당시 숭고한 미술과는 거리가 멀다고 생각했던
만화라는 소재를 가지고 세상의 주목을 받았다.

그는 대중의 공감을 얻고 현시대를 가장 잘 표현하는 강력한 힘이 '만화'에 있다고 생각했다.

"아빠! 저 만화 영화 완전 멋져요!"
"아빠는 저 만화처럼 잘 그리지 못할 거예요!"

다른 화가들과 다를 바 없는 방식으로 그림을 그리고 있었던 로이 리히텐슈타인에게 아들의 말은 새로운 관점을 제공했다.

"아빠!! 내 말이 맞죠? 만화가 최고라니까요!!"

"완전 대박!!"

이를 시작으로 그는 미술계의 축을 뒤집는 거장이 된다!!

"이건 말도 안 돼!!!"
"어떻게 저급한 만화가 예술이 될 수 있지?"

당시 그의 작품이 주목을 받기 시작하면서 기존의 예술가와 평론가들로부터 질타를 받기도 했다.

"고마워! 아들!! 울 아들 덕분에 최고가 됐어!"

"이 싸구려 만화 따위를 예술에 접목시키다니!"

많은 사람들이 관심을 갖게 되고 이목이 집중되는 순간 최고가 되기도 하지만, 동시에 가장 독한 시기와 질투가 시작되기도 한다.

결과는 어떠했을까?

**작품을 구매하는 고객,
컬렉터들은 그의 손을 들어 주었고
그 결과, 그는 세기의 거장이 되었다!**

이런 경우, 보통 사람들은 시기와 질타로 인해
생각과 마음이 흔들려 자신의
속도와 방향을 잃어버리기도 한다.
너무도 독한 악평에 많은 상처를
받은 이들은 스스로 목숨을 끊기도 한다.

'당신이 잘났으면 얼마나 잘났어?'

"너 따위가 어떻게!!!"

최고의 정점 위에는 동전의 양면처럼
성공과 독한 시기, 질투가 함께 있음을
항상 명심해야 한다.

**거장들은 이러한
과정들을 지혜롭게 넘겨
자신이 원하는 것을 균형
있게 완성했다.**

"이건 너무 노골적으로 상업화하는 것 아니야?"
"저것도 그림이냐?"

지금도 사람들은 자신이 상대의 가슴에
입으로 칼을 꽂고 있음을 모른 채,
시기와 질투를 담은 폭언을 일삼고 있다.

**당신의 비즈니스에서도 예외는
아닐 것이다!!!**

어느 분야든 성공의 정점에 서면 시기와 질투 섞인 폭언이 반드시 따라오게 되어 있다.
이처럼 인간의 본능에는 선과 악의 이중성이 공존한다.

한마디로 '남이 잘되는 꼴을 못 보는 것'이다!!!

로이 리히텐슈타인 역시 마찬가지였다. 작품 발표 초기, 그는 수많은 찬사와 더불어
지독한 비난에 시달렸다. 하지만 그는 자신의 소신을 굽히지 않고 더 많은 작품을
제작해 작품성을 높여 나갔다.

15. 삶의 태도를 재정립하라

앨리슨 래퍼

[1965.4.7.~]

세상 사람들은 '팔다리도 없는 주제에'라고 비아냥거리며 그들이 아무것도 할 수 없다고 단정지었다.

하지만 결과는 어떠했는가!

앨리슨 래퍼와 닉 부이치치는 장애를 뛰어넘어 보통 사람들도 해내기 어려운 일을 이루어 냈다!!!

앨리슨 래퍼는 세계적인 예술가가 되었고, 닉 부이치치는 희망 전도사가 되어 많은 이들에게 희망을 선물해 주고 있다!

인생과, 비즈니스 세계에서 성공과 실패는 동전의 양면처럼 매 순간 찾아오고 반복된다.

그들은 자신이 원하는 것을 끝까지 포기하지 않았고, 지독한 바닥에서 출발해 원하는 것을 모두 이루어 나가고 있다.

실패의 유혹은 오히려 승리에 취해 있을 때 다가오기 마련이다.

실패의 나락에 떨어졌을 때 다시 일어설 수 있는 힘을 앨리슨 래퍼와 닉 부이치치를 통해 얻기를 바란다.

지독한 바닥을 딛고 일어선 그들의 혼을 기억하는 것만으로도 당신의 비즈니스에 큰 힘이 될 것이다.

그들은 인생의 지독한 바닥을 경험하면서도 절대 자신의 목표를 포기하지 않았다.

그들을 보면 자신이 원하는 목표를 잊지 않고 앞으로 전진하려는 삶의 태도가 얼마나 중요한지 알 수 있다.

16. 직관과 이성을 통한 혼의 완성

잭슨 폴락

[1912.1.28.~1956.8.11.]

Paul Jackson Pollock

그것이 아무리 굉장하고 엄청난 것이라 해도, 결국 어딘가 엉성해 보이는 옷을 입은 것과 같다.

그런 점에서 잭슨 폴락은 사람들의 비아냥거림과 논란에도 굴하지 않고 자신의 '직관'과 '이성'의 힘을 강하게 믿으며 액션 페인팅이라는 새로운 추상 미술을 완성해 세기의 거장이 되었다.

그 누구의 말에도 흔들리지 않았던 집념과 열정, 헌신의 혼이 담긴 그림을 굳게 믿고 나아간 그를 통해 비즈니스의 방향을 잡아 보자.

저게 그림이야? 말도 안 돼!!

우리 애도 하겠어요!!

나는 직관과 이성의 힘을 믿었제!! 남들이 뭐라 하든 신경 쓰지 않았지!!! 나의 신념을 믿었고 나의 길을 만들어 나간 거야!!!

대부분의 사람들은 당신에게 이렇게 조언해 줄 것이다.

"자네, 좀 더 이성적으로 생각해 보게!"

"그 말도 안 되는 아이디어가 어떻게 사업으로 성공할 수 있겠나!"

만약 그 말을 잭슨 폴락이 들었다면 어떤 반응을 했겠는가!

물론, 이성만을 내세우는 비즈니스는 당신에게 어느 정도의 성과를 안겨 줄 것이다.

하지만 직관의 힘은 이성의 힘보다 강할 때가 있다!!

그것은 인간이 가진 잠재의식 안에 내제되어 있는 본능이자 초인적인 능력이다.

잭슨 폴락은 작품을 향한 강력한 목표 의식과 직관의 힘, 이성적인 판단을 믿고 자신의 길을 걸어가 미술계의 거장이 되었다.

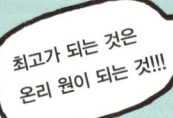

비록 짧은 생애를 살다 세상을 떠났지만

최고가 되는 것은 온리 원이 되는 것!!!

그의 작품만큼은 열정과 헌신이 담겨 우리 곁에 남아 있다.

세상을 깜짝 놀라게 해 줄 거얌!!!

당신의 비즈니스에도 이런 과감하고 직관적인 도전 정신과 마케팅의 적정 시간을 분석하기 위한 이성적인 전략이 필요하다.

대부분의 사람들은 자신의 직관보다 다른 사람들이 말하는 이성적인 논리를 더욱 신뢰한다.

하지만 성공한 예술가들은 이성의 힘과 더불어 강력한 직관의 힘이 결합됐을 때 비즈니스의 파워가 증폭된다는 사실을 알고 있었다.

만약, 잭슨 폴락이 주변 사람들의 말에 휩쓸려 다른 화가들처럼 기존의 방식을 취했더라면 오늘날 그의 이름을 기억할 사람은 아무도 없었을 것이다.

당신의 비즈니스 역시 마찬가지다. 자신의 스타일과 색깔 없이 이성만을 내세운다면 사람들의 이목을 끌 수 없다.

논리적인 상황 판단에 있어서는 이성이 많은 도움을 주지만, 목표를 향해 달려 나가는 상황이라면 이성은 자주 당신의 손목과 발목을 잡으려 할 것이다.

'이성의 힘'과 '직관의 힘'을 결합해 보세요!!

인간의 잠재의식 안에 꿈틀거리고 있는 초인적인 힘이 바로 '직관의 힘'이랍니다!!!

GREAT ONE

지금 당신에게 가장 필요한 것은 잭슨 폴락이 자신의 모든 것을 걸고 승부수를 띄운 액션 페인팅처럼 직관에 냉철한 이성의 힘을 결합하는 것이다.

주위를 둘러보면 다양한 성향을 가진 예술가들이 있다.
자신의 작품에 이성적으로 접근하는 이들도 있고,
직관의 힘으로만 접근하는 화가들도 있다.

**그들은 모두 자신이 목표한 방향을 향해 움직이고 있지만,
지나친 이성은 창의력과 상상력을 생산하는 직관의 힘을 방해하기도 한다.**

**당신이 비즈니스를 펼쳐 나가는 데 있어서 직관의 힘은 무엇보다도 중요하다.
직관은 상상을 자극하는 힘이지 목표를 향한 추진력을 내는 엔진이기 때문이다.**

17. 상처를 승화시킨 애증의 기술

프리다 칼로

[1907.7.6.~1954.7.13.]

상처는 누구나 있다. 가정의 상처, 인간관계의 상처, 시대의 상처까지. 상처를 대처하는 방법도 천차만별이다. 누구는 술, 도박, 폭력으로 상처를 승화해 나락으로 떨어지는 반면, 누구는 예술이나 비즈니스로 승화해 보란 듯이 상처를 치료한다.

예술이나 비즈니스로 상처를 승화시킨 거장들은 상처를 뿌리에 두고 누구보다 맹렬했고 정열적이었다.

1925년 9월 17일 어느 오후,

거리에는 평소처럼 버스를 기다리는 사람들로 북적였다. 장사를 마치고 돌아가려는 사람들과 지금 막 수업을 마치고 귀가하려는 앳된 학생들의 모습이 보였다.

잠시 후, 버스 한 대가 정류장에 도착하고 사람들은 차 문 위를 분주하게 올랐다. 출발 신호와 함께 엔진이 작동되고, 검은 바퀴가 움직이기 시작했다.

"오늘 수업은 어땠어?"
"그냥, 그렇지 뭐."
"나는 수업 내내 네 생각만 나더라."
"나도 그래."

작은 체구에 짙은 눈썹을 지닌 예쁜 소녀와 남자 친구로 보이는 소년의 사랑 이야기가 막 시작되려는 순간!

"쾅!!" 하는 소리와 함께 버스 안에 있던 모든 사람들의 몸이 일제히 공중으로 떠올랐다.

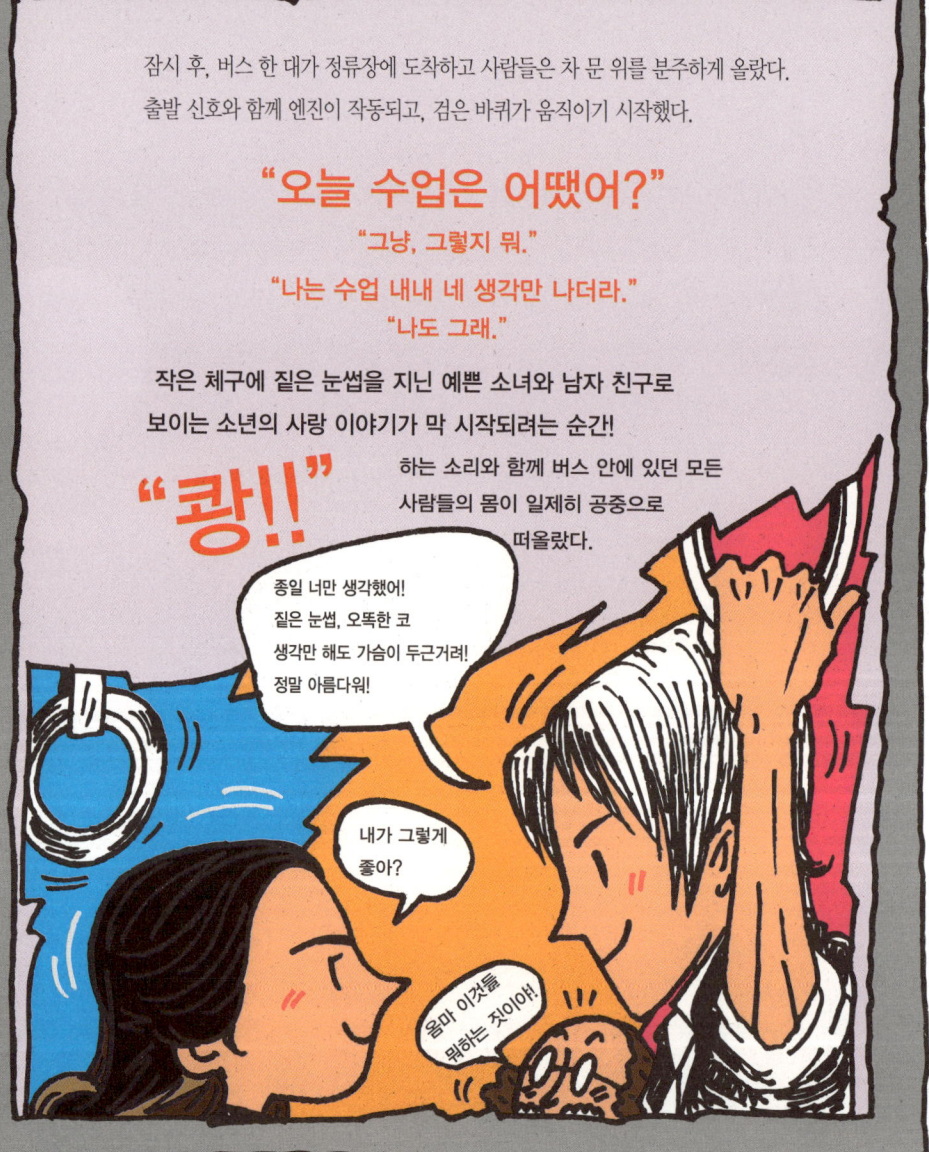

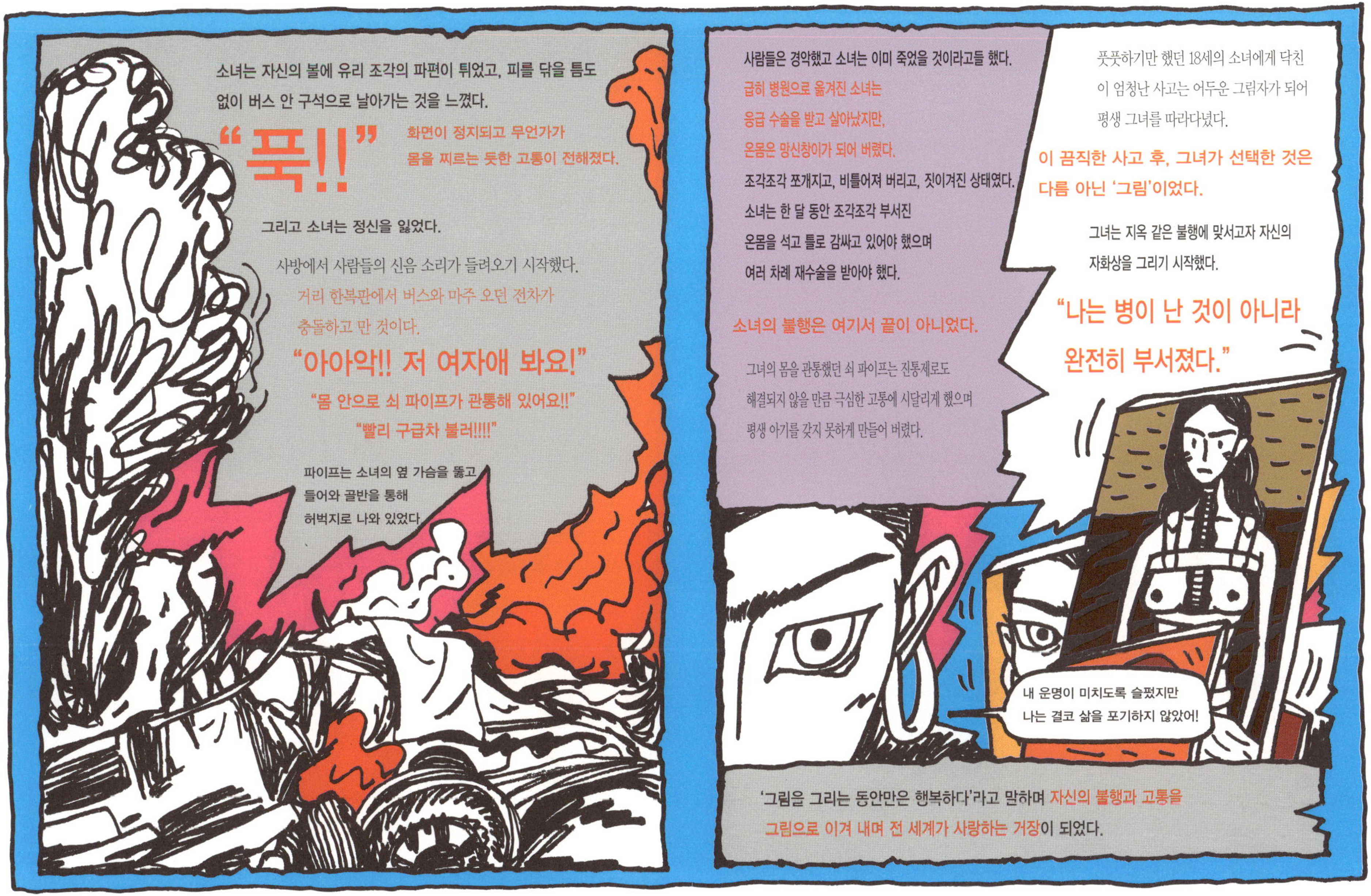

소녀는 자신의 볼에 유리 조각의 파편이 튀었고, 피를 닦을 틈도 없이 버스 안 구석으로 날아가는 것을 느꼈다.

"푹!!" 화면이 정지되고 무언가가 몸을 찌르는 듯한 고통이 전해졌다.

그리고 소녀는 정신을 잃었다.

사방에서 사람들의 신음 소리가 들려오기 시작했다. 거리 한복판에서 버스와 마주 오던 전차가 충돌하고 만 것이다.

"아아악!! 저 여자애 봐요!"
"몸 안으로 쇠 파이프가 관통해 있어요!!"
"빨리 구급차 불러!!!!"

파이프는 소녀의 옆 가슴을 뚫고 들어와 골반을 통해 허벅지로 나와 있었다.

사람들은 경악했고 소녀는 이미 죽었을 것이라고들 했다.

급히 병원으로 옮겨진 소녀는 응급 수술을 받고 살아났지만, 온몸은 망신창이가 되어 버렸다.

조각조각 쪼개지고, 비틀어져 버리고, 짓이겨진 상태였다. 소녀는 한 달 동안 조각조각 부서진 온몸을 석고 틀로 감싸고 있어야 했으며 여러 차례 재수술을 받아야 했다.

소녀의 불행은 여기서 끝이 아니었다.

그녀의 몸을 관통했던 쇠 파이프는 진통제로도 해결되지 않을 만큼 극심한 고통에 시달리게 했으며 평생 아기를 갖지 못하게 만들어 버렸다.

풋풋하기만 했던 18세의 소녀에게 닥친 이 엄청난 사고는 어두운 그림자가 되어 평생 그녀를 따라다녔다.

이 끔직한 사고 후, 그녀가 선택한 것은 다름 아닌 '그림'이었다.

그녀는 지옥 같은 불행에 맞서고자 자신의 자화상을 그리기 시작했다.

"나는 병이 난 것이 아니라 완전히 부서졌다."

내 운명이 미치도록 슬펐지만 나는 결코 삶을 포기하지 않았어!

'그림을 그리는 동안만은 행복하다'라고 말하며 **자신의 불행과 고통을 그림으로 이겨 내며 전 세계가 사랑하는 거장**이 되었다.

잔인한 운명 속에서도 희망을 꿈꾸던 그녀의 이름은 바로

프리다 칼로이다.

그녀에게 인생은 지옥 또는 잔인한 애증의 고통들이었을 것이다.
일순간에 산산이 부서져 버린 육체와 사랑의 파멸, 평생 낳을 수 없는 아기…

한순간의 사고가 그녀의 인생을 벼랑 끝으로 던져 버렸다.
하지만 그녀는 자신의 비극적인 운명을 바라만 보고 있지 않았다.
붓을 잡고 그림을 그리며 상처를 치유하기 시작했고, 새로운 사랑을 만났다.
하지만 그것도 잠시, 한 여자에게 만족하지 못하는 여성 편력이 심한 남편과의 갈등으로
삶의 대부분을 분노와 상실감, 배신감으로 고통받으며 살아가게 된다.

그녀의 작품 〈자화상〉을 보면 사랑과 증오를 승화시킨 숭고한
눈물이 배어 있다.

SAD LOVE...

모든 것을 빼앗긴 상황 속에서도
그녀는 희망의 끈을 놓지 않았다.

절망의 늪을 거닐 때도
애증을 담아 그림을 그렸고
마침내 세계적으로 사랑받는
거장이 되었다.

1940년, 건강이 더욱 악화되어
오른쪽 다리를 잘라 내야만 했고,
몇 차례의 척추 수술 역시
실패로 끝났다.

**그런 상황에서도 그녀는
그림을 포기하지 않았다.**

1954년 7월, 47세의 슬픈 생을 마쳤지만
지금도 전 세계 사람들의 가슴 속에
프리다 칼로는 희망과 감동을
주는 미술계의 거장으로 살아 있다.

인생을 살다 보면 극심한 시련과
만나게 되기도 한다.

**만약, 당신이 그녀와 같은
상황이었다면 어땠을까?**

18. 또 다른 나, 물아일체

척 클로스

[1940. 7. 5~]

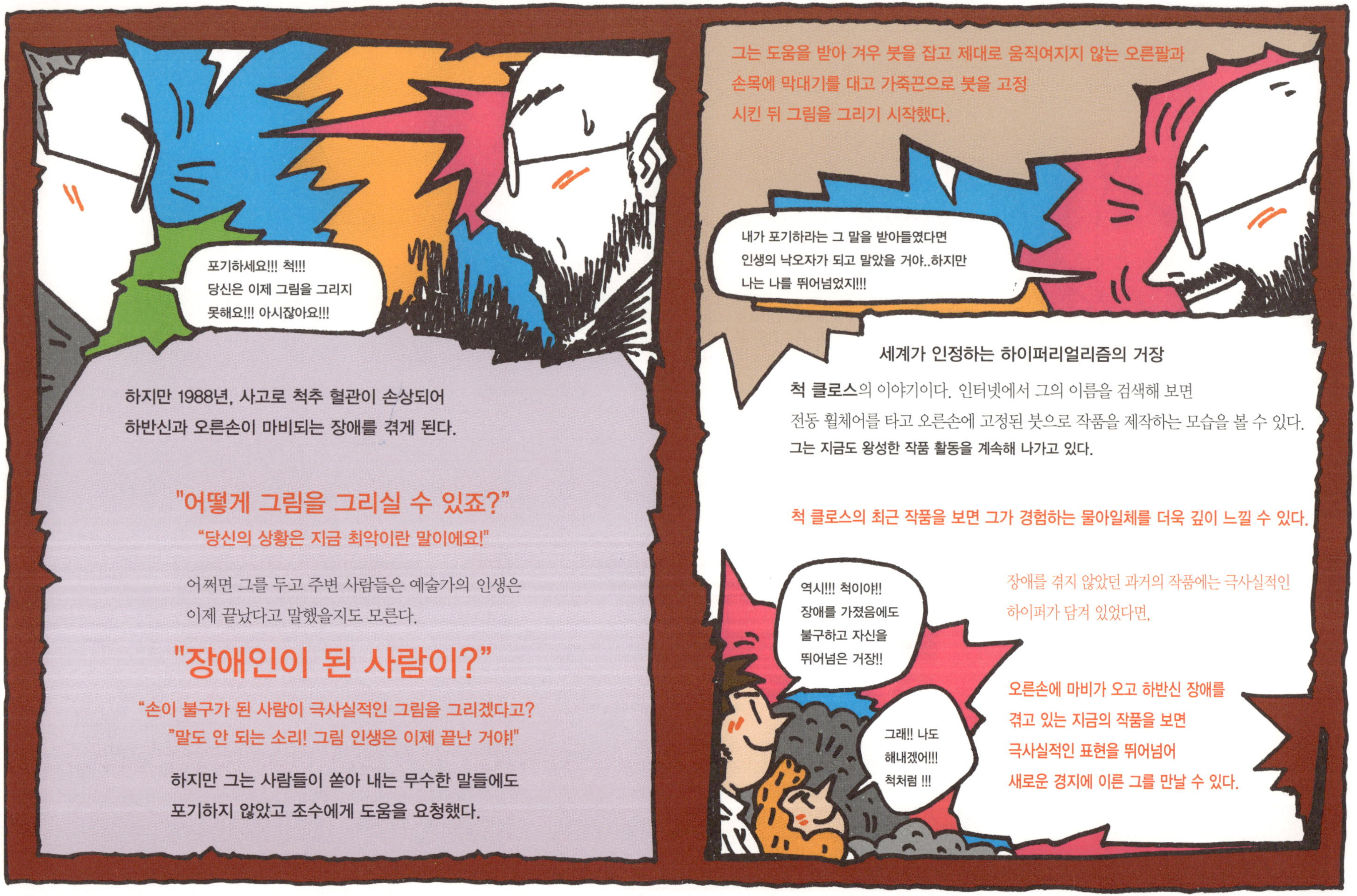

"포기하세요!!! 척!!!
당신은 이제 그림을 그리지
못해요!!! 아시잖아요!!!"

하지만 1988년, 사고로 척추 혈관이 손상되어
하반신과 오른손이 마비되는 장애를 겪게 된다.

"어떻게 그림을 그리실 수 있죠?"
"당신의 상황은 지금 최악이란 말이에요!"

어쩌면 그를 두고 주변 사람들은 예술가의 인생은
이제 끝났다고 말했을지도 모른다.

"장애인이 된 사람이?"
"손이 불구가 된 사람이 극사실적인 그림을 그리겠다고?
"말도 안 되는 소리! 그림 인생은 이제 끝난 거야!"

하지만 그는 사람들이 쏟아 내는 무수한 말들에도
포기하지 않았고 조수에게 도움을 요청했다.

그는 도움을 받아 겨우 붓을 잡고 제대로 움직여지지 않는 오른팔과
손목에 막대기를 대고 가죽끈으로 붓을 고정
시킨 뒤 그림을 그리기 시작했다.

"내가 포기하라는 그 말을 받아들였다면
인생의 낙오자가 되고 말았을 거야..하지만
나는 나를 뛰어넘었지!!!"

세계가 인정하는 하이퍼리얼리즘의 거장

척 클로스의 이야기이다. 인터넷에서 그의 이름을 검색해 보면
전동 휠체어를 타고 오른손에 고정된 붓으로 작품을 제작하는 모습을 볼 수 있다.
그는 지금도 왕성한 작품 활동을 계속해 나가고 있다.

척 클로스의 최근 작품을 보면 그가 경험하는 물아일체를 더욱 깊이 느낄 수 있다.

"역시!!! 척이야!!
장애를 가졌음에도
불구하고 자신을
뛰어넘은 거장!!"

"그래!! 나도
해내겠어!!!
척처럼!!!"

장애를 겪지 않았던 과거의 작품에는 극사실적인
하이퍼가 담겨 있었다면,

오른손에 마비가 오고 하반신 장애를
겪고 있는 지금의 작품을 보면
극사실적인 표현을 뛰어넘어
새로운 경지에 이른 그를 만날 수 있다.

19. 자신의 고통을 강점화시켜라

쿠사마 야요이

[1929.3.22.~]

Kusama Yayoi

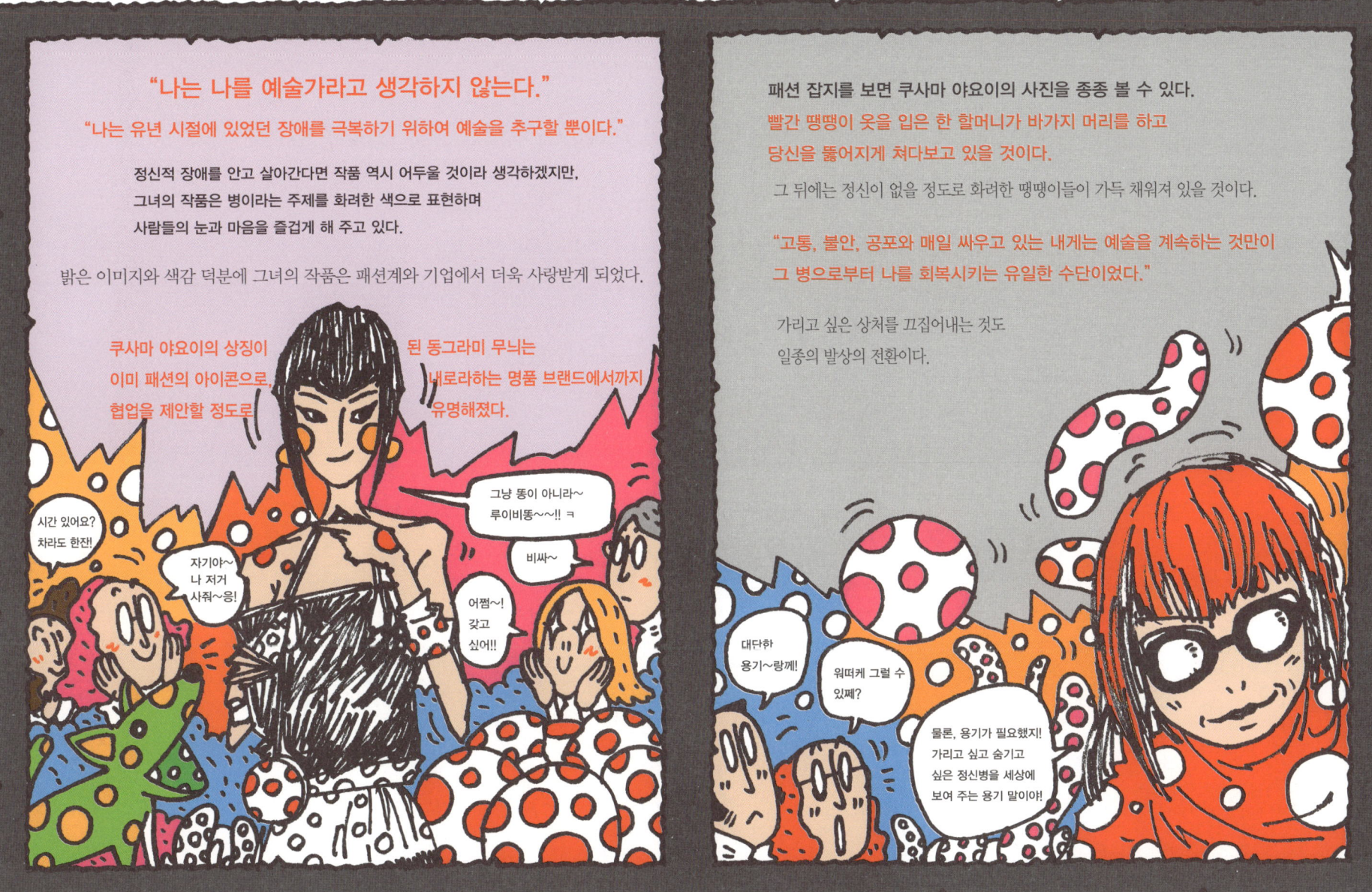

20. 가리고 싶은 상처를 토해 내라

트레이시 에민

[1963.7.3.~]

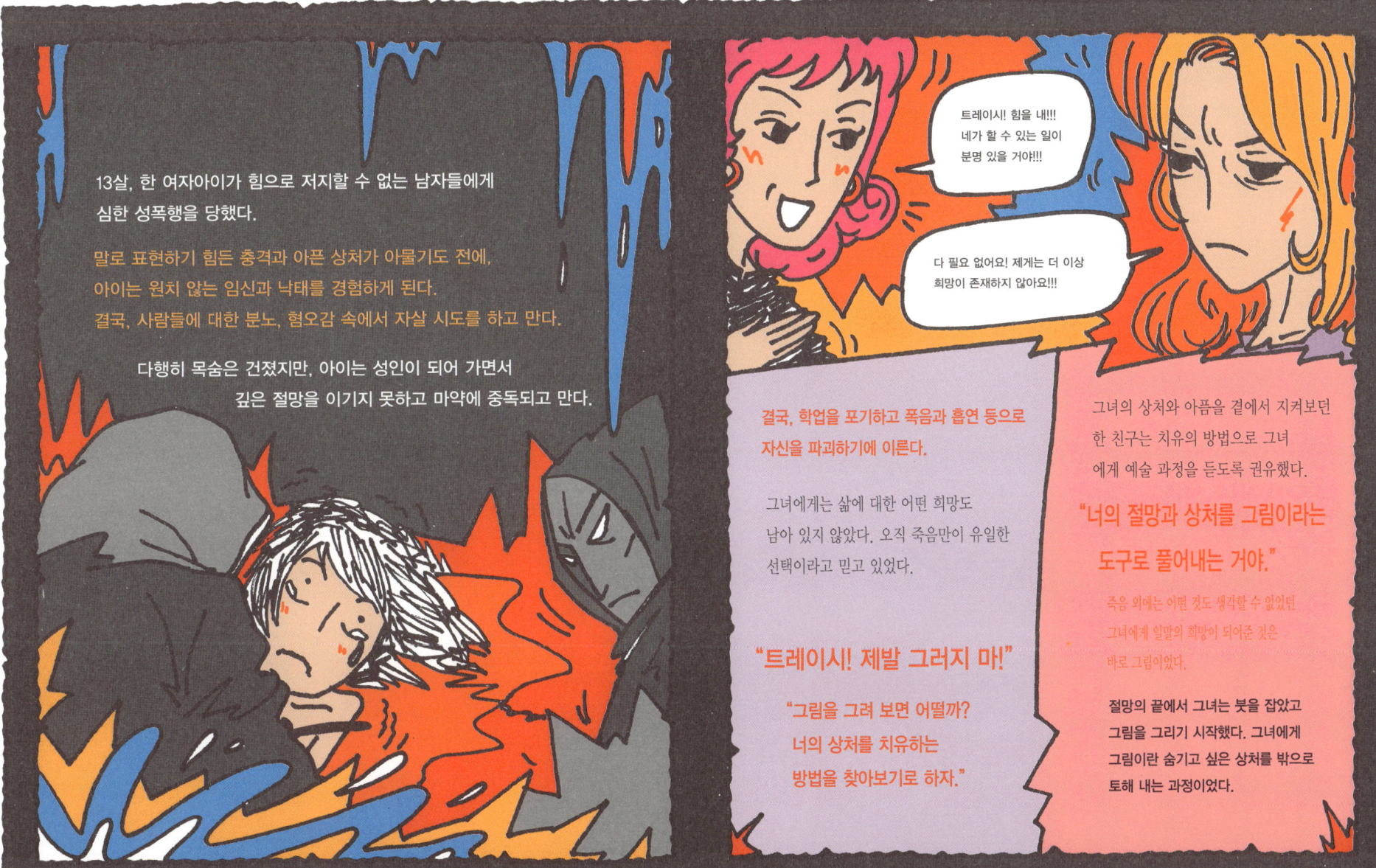

하지만 얼마 지나지 않아 그것마저 모두 내다 버렸다.
지우고 싶은 상처와 마주하는 상황들이 그녀를 더욱 괴롭게 한 것이다.

"전, 못 해요! 안 해요!"

"이렇게 한다고 제 인생의 상처가 모두 치유되는 것도 아니잖아요!"
"모두 부질없어요!"

그림을 그릴수록 생생하게 살아나는 성폭행의 상처가 그녀를 더욱 괴롭혔다.
그저 모든 것을 놓아 버리고 이 세상과 이별하고 싶은 마음뿐이었다.

만약, 우리가 그녀와 같은 상황이었다면 마음 편히 붓을 들고 그림을 그릴 수 있었을까?

악몽과도 같았던 그날의 일들을
다시 떠올리고 싶어 했을까?

그 누구도 쉽게 대답하지
못할 것이다. 그렇다면 그녀는
이대로 자신의 인생을 포기
하고 말았을까?

몇 개월이 흐른 뒤...
그녀는 사라 루카스라는 여인을
만나게 되고, 그러면서 어렵게
다시 붓을 들게 된다.

사라 루카스는 그녀가 내면의
깊은 상처를 밖으로 토해 내도록
많은 도움을 주었다.

"전... 못 할 것 같아요..."
"그날의 악몽이 자꾸만 떠올라요."
"아니, 넌 할 수 있어!"

그 후 그녀는 메모와 일기를
써 내려가면서 다시 그림을 그리기
시작했다.

몇 해가 지난 어느 날,
세상에 떠들썩한 전시가 열린다.
〈나의 회고전〉이라는 타이틀로 열린 전시였다.

'전시를 관람하기 위해 모여든 관람객들은 모두 경악했다!!!'

전시장 안에는 〈나와 함께 잤던 모든 사람들〉이라는 메시지와 함께 102명에 달하는 남자들의 이름이 빼곡하게 적혀 있었다. 또한 성폭력을 가한 남자의 이름과 낙태로 인해 생명을 얻지 못한 아기의 이름까지 적혀 있었다.

그리고 갤러리 한쪽에는 하얀 침대가 설치되어 있었는데, 그 위로 콘돔과 어지럽게 널린 술병과 담배, 브래지어, 스타킹 등이 널부러져 섹스를 마치고 난 후의 상황들을 적나라하게 보여 주었다.

"완전 미쳤어! 이게 작품이야? 포르노지!"

"보기에도 민망스러워!"

사람들은 '이것이 예술인가? 외설인가?' 혼란스러워하면서도 그녀에게 주목했다.

이야기의 주인공은 런던에서 활동하고 있는 예술가 **트레이시 에민**이다.

광고계의 거물 찰스 사치가 선택한 '센세이션'의 멤버이며 영국을 대표하는 예술가 데미언 허스트와 어깨를 나란히 하는 예술가다.

그녀의 작품은 영국을 넘어 세계적인 돌풍을 일으켰다. **감추고 싶은 자신의 사생활을 적나라하게 드러내고 함께 섹스를 했던 사람들의 실명까지 공개하여 충격을 주었다.**

그녀의 작품을 마주한 사람들의 반응은 극과 극이었다.

"정말 혐오스러워!"

"이것이 예술이야?"

라는 비난과

"정말 신선해!!"

"자신의 사생활을 공개해 작품으로 만들어 낸 그녀의 발상이 독특한걸!"

하는 극찬이 이어졌다.

세상의 평판이야 어쨌든 그녀는 자신의 상처를 세상에 끄집어내 스스로를 치유하였고, 지금은 예술성과 상업성 모두 인정받고 있다.

그것이 치유할 수 없는
깊은 상처일지라도
그녀는 감추지 않았다.

그것이 지독한 상처일지라도
밖으로 끄집어내
상황을 역전시켰다.

반전의 힘은 외부가 아닌
내부에 존재한다.

살면서 매 순간
성공의 달콤한 열매만 먹을 수는 없다.
만약, 그렇다면 그것은 인생이 아니다.

롤러코스터를 타고 오르막과 내리막을
경험하는 것이 바로 인생이며 비즈니스다.

세상에는 사업의 실패,
인생의 악순환 속에서도 다시 일어나
성공의 길을 달려가는 사람들이 정말 많다.

그들은 입을 모아 말한다.

'Never give up!!'
'Never give up!!'
'Never give up!!'
(절대로 포기하지 마라!!)

단순하지만 명쾌한 이 말이
강력한 힘이 되어 줄 것이다.

어찌 보면 상처는
당신에게 값진 스토리가 된다.

절망을 뛰어넘었을 때,
그 상처는 당신의 혼이 담긴
이야기가 되어 사람들에게
감동을 준다.

21. 사람들의 편견과 야유를 뒤집어 버려라

조지아 오키프

[1887.11.15.~1986.3.6.]

그녀가 예술가로 당당히 서기 위해
3년이라는 시간을 미친 듯이 작품에 몰두하는 동안
남자는 18살이나 어린 여자와
바람을 피우기 시작했다. 이때의

분노와 배신!

남자에게 받은 깊은 상처는
그녀에게 우울증을 안겨 주었다.

'이 지옥 같은 상황에서 벗어나고 싶어!'
결국, 그녀는 뉴욕을 떠나
멕시코에 정착하여 자신의 혼이 담긴
작품을 제작해 간다.

"꽃?"

"꽃이 무슨 예술 작품이야!"
"여자들이나 좋아하는 감상적이고
상투적인 소재 아닌가?"

멕시코에서 몇 년을 보낸 뒤,
작품을 모아 전시회를 열었으나
창의적이지 못하다는 남성 화가들의
비아냥거림과 냉소를 받아야 했다.

나는 사람들의
말에 굴하지
않아!! 난 조지아
오키프거든!!!

"그들과 다른 무언가를
보여 주겠어! 반드시!"

그로부터 몇 해가 지난 어느날,
새롭게 열린 그녀의 전시회에
온 사람들은 놀라움을 금치 못했다.

사방으로 잘린 거대한 꽃,
여성의 생식기와 닮은 듯한
도발적인 그림과 마주하게 된 것이다.

"이...이게 꽃이야...아니면...?"

그동안 수없이 많은 독설을 해댄
남자들도 그녀의 작품을 보고 더는
'평범하다', '진부하다'고 말하지 못했다.

그녀의 이름은 바로 **조지아 오키프**,
미국 미술계에서 독보적인 위치를 차지한
전설적인 화가이다.

세상에...

와~!!
야릇해!!

이게
뭐여??

에이~
알면서...

생각의 기술
: 새로운 정의와 표현의 기술

22. 저항을 예술로 바꾸다 : **마르셀 뒤샹**

23. 금지된 욕망을 표현하다 : **구스타프 클림트**

24. 극사실주의에서 모호함으로 : **르네 마그리트**

25. 고객이 원하는 것을 간파하다 : **알폰스 무하**

26. 상식을 뒤집어 버리다 : **피에로 만초니**

27. 규범과 질서를 파괴하다 : **마우리치오 카텔란**

28. 향수와 감성을 자극하다 : **플로렌타인 호프만**

29. 세상을 향한 코믹 패러디 : **페르난도 보테로**

30. 스마트하게 생각하다 : **줄리안 오피**

31. 감히 상상도 하지 못할 일을 벌이다 : **마크 퀸**

32. 판타지의 세계로 대중을 초대하다 : **론 뮤익**

22. 저항을 예술로 바꾸다

마르셀 뒤샹

[1887. 7. 28. ~ 1968. 10. 2.]

Henri-Robert-Marcel Duchamp

"아니! 도대체 이따위 물건이 어떻게 작품이 될 수 있지?"

"이것은 절대 전시할 수 없어!!!"

"우리를 조롱하거나 희롱하려고 보낸 거야!"

"절대 이곳에서 전시하게 두면 안 돼!!!"

화장실의 소변기 하나로 세상 사람들을 충격에 빠뜨린 남자가 있다. 미술계의 이단아! 상식의 파괴자! 바로 현대 미술의 거장 **마르셀 뒤샹**이다.

미술에 약간이라도 관심이 있는 사람이라면 미술 서적에서 하얀색의 변기 위에 **'R.MUTT'** 라고 쓰인 작가의 서명을 보았을 것이다.

또한 미술계의 거장 레오나르도 다빈치가 그린 〈모나리자〉 엽서 그림에 낙서처럼 그린 **우스꽝스러운 콧수염**을 본 적이 있을 것이다.

그것을 보고

"뭐야! 지금 장난하는 거야?"

하는 생각이 들지도 모르겠다.

마르셀 뒤샹! 그는 변기와 콧수염이 달린 모나리자를 통해 고정관념에 빠져 버린 당시의 미술계를 비틀고 비판했다.

사실, 그는 **변기를 직접 제작하지 않았다.** 철공소에서 만들어진 기성품을 사와 그 위에 자신의 서명을 담았다.

독립 미술가 협회의 첫 전시회에 〈샘〉이라는 제목으로 출품한 후, 실제 소변기를 갖다 놓으며 세간의 주목의 받은 마르셀 뒤샹.

당시 전시장의 예술가들과 운영진들은 이 황당한 작품을 작품으로 인정하지 못했다.

그 결과, 전시회 중간에 한쪽 구석에 쓰레기처럼 버려지는 사건이 벌어지기도 했다.

그의 작품 중 하나인 〈L.H.O.O.Q〉는 레오나르도 다빈치의 〈모나리자〉 복제품에 수염을 그려 넣은 것이다.

이 작품이 논란이 된 이유는 작품명 때문이다. 프랑스어 발음 그대로 읽으면 '그녀의 엉덩이는 뜨겁다 (그녀는 달아올랐다)'는 뜻이 된다.

미쳤어!

이...이런 걸 작품이라고 내놓다니~!!

ㅋㅋㅋ!! 뭐 어때? 내 맘인데!!

인류 최고의 미소라 불리며 세계적으로 사랑받아 온 모나리자에 성적인 암시를 더한 이 그림은 논란의 중심이 됨과 더불어 모나리자 풍자의 시초가 된다.

그는 '세계적인 명작', '천재성', '신적인 창조력'에 대한 사람들의 숭배를 파괴하기 위해 모나리자에 수염을 넣는 등의 패러디 요소를 담아 사람들에게 전달했다.

아잉~!! 부끄러워라~!

뒤샹 오빠~ 미워 미워~!

뒤~샹!!!

이...이런! 다빈치 오빠의 명작을!!

예술을 모독했어~

ㅋㅋㅋ!!

역시 뒤샹!!

워때? 나 멋쩌?ㅋ!

" 이... 이건 그냥 변기라고!! "
" 작가가 직접 만든 창작품이 아니잖아!!! "

"그래서요? 그게 뭐 어쨌다고요?"
"저는 전시 참가비를 냈고 작품을 전시할 권리가 있습니다!!"

기존의 틀에 박힌 작품 제작 방식에 저항하며
예술계의 판을 흔들어 놓는 그를 향해 당시의 많은 작가와
비평가들은 독설과 악평을 쏟아 냈다.

"저것도 작품이라고!"
"절대 인정할 수 없어!!"

수많은 질타와 조롱을 받으면서도 그는
미술계를 향한 저항을 멈추지 않았다.

"절대로 만지지 마시오!!!"

그가 살았던 당시, 예술은
과도하게 엘리트화되면서
대중들과 급격히 멀어지고 있었다.
그것은 쉽게 표현하자면 이렇다.

"우리는 너희들과 달라!!"

이에 그는 반기를 들었다.

"에이~미친 녀석!!"

결국, 저항은 조롱거리가 되었다.

하지만 그는 현대 미술의
거장이 되었고, 당시 그의 작품을
악평하고 비평하던 사람들은
이름조차 거론되지 않는다.

세상의 틀, 기존의 방식에
그대로 순종하고 따라가기보다는

새롭게 **'저항'**하는 방식을 선택한
그의 승리였다.

23. 금지된 욕망을 표현하다

구스타프 클림트

[1862.7.14 ~ 1918.2.6.]

"어머~야해!! 섹시하면서 야릇해~!!"
"저거 봐! 모두 황금으로 칠해져 있어!"

관능의 힘, 파괴의 힘, 삶과 죽음, 성적인 욕망을
적나라하게 표현한 세기의 거장이 있다.

구스타프 클림트, 그는 인간의 성적 욕망을 표현한 작가이다.

"예뻐!!"
"야해!!"
"아름다워!!"

"자기야~ 이리로 와!!!"
"세상에 어쩜!!!"
"저...저요?"
"이 양반!!! 미쳤구만!!!"

작품 전체가 황금으로 채색
되어 화려함을 넘어
황홀하기까지 한 작품.

그의 작품 〈키스〉를 보면
인간의 욕망을 가까이서 만나게 된다.

벼랑 끝에 아슬아슬하게
서 있는 남녀가 황홀한
키스를 하고 있는 모습.

"이건 너무 노골적이야~!!!"
"너무 적나라하게 그렸어!!"
"스케치가 완전 19금이야~!!!"

사실적이다 못해 그림속으로
빨려 들어갈 것만 같은 유혹적인 자태.

여인의 나체뿐만 아니라
성기까지도 적나라하게
표현돼 있어 보는 내내
정신이 혼미할 정도다.

구스타프 클림트는 인간의
욕망을 캔버스 위에
고스란히 담아냈다.

보통 사람들이 꺼내 놓지
못하는 생각과 마음들을
과감히 분출시켜
보여 주었다.
인간의 모든 욕망을
그림으로 표현했다.

"이건 외설이야!!"

"저...저것 봐!! 이 성스러운
학교 안에서 저런 망측한
그림을 그리다니!!!"

그에게 벽화를 맡겼던
오스트리아의 빈 대학에서는
그의 그림을 두고 논란이 벌어지기도 했다.

"성스러운 법학, 의학, 철학의
이야기를 담아 달라고 했는데
이따위 그림을 그리다니!!!"

그는 성스럽고 고귀하다고 여기는 장소에 도발적이고 농도 짙은
여인의 나체와 성을 당당하게 그려 냈다.

"이것은 내가 느끼고 바라본 법학! 의학! 철학이오!!!"

이에 빈 대학의 교수들은 격분해 벽화 삭제를 요구하는 서명서를 냈다.

"절대 안 됩니다! 성스러운 학교에 이런 벽화를 설치할 수는 없습니다!"

인간의 욕망에 솔직했던 그와 권위와 형식,
명분을 지키려던 사람들과의 격돌이었다.
(결국 벽화 삭제 명령이 떨어졌고 작품은 철거되었다)

이~양반이 또!!

자..자기야~

그는 이분법적으로
작품을 그리지 않았다.
자신이 보고 느끼고 원하는
욕망을 솔직하게 표현할 뿐이었다.

그것이 욕망을 숨기고
고고함과 권위를 지키려는
사람들에게는 눈엣가시처럼
보였던 것이다.

"일개 화가 따위가 감히 우리에게
도전하다니! 그 작자의 그림은
너무 노골적이야!!"

"이따위 그림들을 어떻게 이곳에
걸 수 있겠어! 그는 우리가 그동안
지켜 온 성스러움을 파괴하려 하고 있어!"

그는 당시 성스럽고 숭고한
신화와 역사 속의 인물들을 완전히
다른 모습(몽환에 빠진 여인,
남자들을 유혹하고 사로잡는
여인들로)으로 뒤집어 놓았다.

"우리의 영웅들을 색을 탐하는
창녀의 모습으로 타락시켜 버리다니!"

욕망에 솔직했던 화가 구스타프 클림트! 당시의 권위와 명분을
지키려던 사람들에게 많은 비난과 질타, 독설을 받기도 했지만,
권위와 명분에 도전하는 사람들은 그의 작품에 열광했다.

멋지구먼!!

그는 남들이 뭐라고 하든 자신의 욕망에 솔직했고, 작품으로
쏟아 내면서 100여 년이 넘는 시간을 초월하여 다양한 분야의
사람들에게 아이디어와 영감, 감동을 주고 있다.
구스타프 클림트 스타일의 아트 브랜드를 완성해 낸 것이다.

이..변태!!!

YES!!!

사람들의 욕망을
꺼내 주는 거야!!!

24. 극사실주의에서 모호함으로

르네 마그리트

[1898. 11. 21.~1967. 8. 15.]

"이 작품은 도대체 무엇을 그린 걸까?"

"이 화가의 머릿속에는 무엇이 들어 있는 걸까?"

전시를 관람해 본 사람이라면 한 번쯤 이런 생각들을 해 보았을 것이다.

몇 시간을 보아도 무엇을 그리고, 만든 것인지 알아채기가 쉽지 않은 작품들이 있다.

"이것은 파이프가 아니다."

커다란 파이프를 가져다 놓고 작가는 파이프가 아니라고 한다.

이런 작품을 대하게 되면 처음에는 호기심과 거부감이 동시에 든다.

"이 화가는 무슨 생각으로 이런 작품을 제작한 것일까?"

"에이, 이것도 작품인가?"
"도통 알아볼 수가 없잖아"

세상에는 사진처럼 완벽하게 똑같은 모습으로 구현하여 사람들에게 아름다움과 감동을 선물하는 극사실적인 작품들이 있다.

또한 이와는 정반대로 특이한 발상과 모호함으로 생각을 자극하고 질문을 던지는 작품들도 있다.

그것들은 처음에는 낯설고 기이하지만, 보고 있으면 새로운 세계를 경험함과 동시에 신선한 아이디어를 얻게 된다.

검은 양복을 입은 남자가 모자를 쓰고 있다. 자세히 보니 남자의 얼굴이 없다. 대신 얼굴이 있어야 하는 자리에 사과가 그려져 있다.

'이건 도대체 뭐지?'

이 기괴한 작품을 그린 작가는 **르네 마그리트이다.**

그는 초현실주의 예술가이자 미술계뿐 아니라 영화와 광고계에 많은 영향을 준 시대의 거장이다.

그의 그림들을 보고 있으면 정말이지 모호한 느낌이 든다. 사람들이 일반적으로 생각하는 그림의 논리를 뒤집는다. 그는 단순히 눈에 보이는 사실적인 형상에만 집중하지 않는다.

나~정말 모호하게 생겼쪄?ㅋ

물론!

오호~! 뭐지?

병원 가자!!

얘들은 뭐야??

hi~!!

알파행성 주민이얌?

이건 또 뭐야??

그는 인간의 꿈과 현실의 경계를 모호하게 결합하여 작품을 완성했다. 철학적이고 시적인 주제가 담긴 그의 작품들은 **미술계뿐 아니라 영화, 광고, 문학가들에게도 인기가 좋다.**

〈이웃집 토토로〉를 제작한 일본의 영화감독 미야자키 하야오는 그의 작품에 영감을 받아 〈천공의 성 라퓨타〉를 창작했다. 영화 〈아바타〉로 유명한 제임스 카메론 감독 역시 그의 작품에서 영감을 받아 작품에 응용하기도 했다.

이처럼 모호함은 사람들의 심리를 자극하는 강력한 힘을 가지고 있다.

잡힐 듯 잡히지 않는 것, 알 것 같으면서도 어딘가 모르게 신비로운 느낌을 주는 매력이 바로 그 힘이다.

그는 모호함이라는 능력을 자신의 예술과 마케팅에 전략적으로 활용했다.

그는 대중들이 무엇에 호기심을 느끼는지 알고 있었다.

25. 고객이 원하는 것을 간파하다

알폰스 무하

[1860. 7. 24. ~ 1939. 7. 14.]

허름한 옷차림의 한 남자가 파리의 예술 대학 사무실 문을 열고 들어온다.

"이곳이 조형예술 아카데미의 입학처인가요?"

"그런데요. 무슨 일로 찾아오셨죠?"

잠시 머뭇거리던 그는 주머니에서 무언가를 주섬주섬 꺼낸다.

"입학 지원서를 가지고 왔습니다.
지금 교수님께서 자리에 계신가요?"

여직원은 남자의 행색을 쳐다본다.

"연구실에 계실 거예요. 연락을 드려 보죠."

"교수님을 만나러 왔는데요?"

"잠시 기다려 봐요..."

"솔직히 얘기하지!!! 자네의 그림 실력은 너무도 평범해!! 그런 그림을 그리는 사람은 이곳에 쌓이고 쌓였거든!!!"

"하..하지만"

10분이 지났을까, 방문을 허락한다는 메시지가 전해졌고 만남이 이루어졌다. .

"자네가 이번 아카데미에 입학 서류를 낸 청년인가? 정말 환영하네!"

"저는 이곳에서 꼭 그림을 배우고 싶습니다. 제가 그동안 틈틈이 그려왔던 작품들을 보여드리죠."

그는 가방을 열고 그림들을 펼쳐 보였다.

남자의 그림을 한참이나 바라보던 교수가 말했다.

"젊은이의 그림은 충분히 보았네.
음... 내가 내린 결론은 이곳의 입학이 어렵다는 것이네!!!

"이 아카데미 안에도 그림을 잘 그리는 사람이 많다네.
자네의 그림은 이곳에서는 평범한 수준에 불과하네!! 내세울 만한 독특함이 없지."

"다른 일을 알아보게. 이게 내가 자네에게 해 줄 수 있는 조언일세."

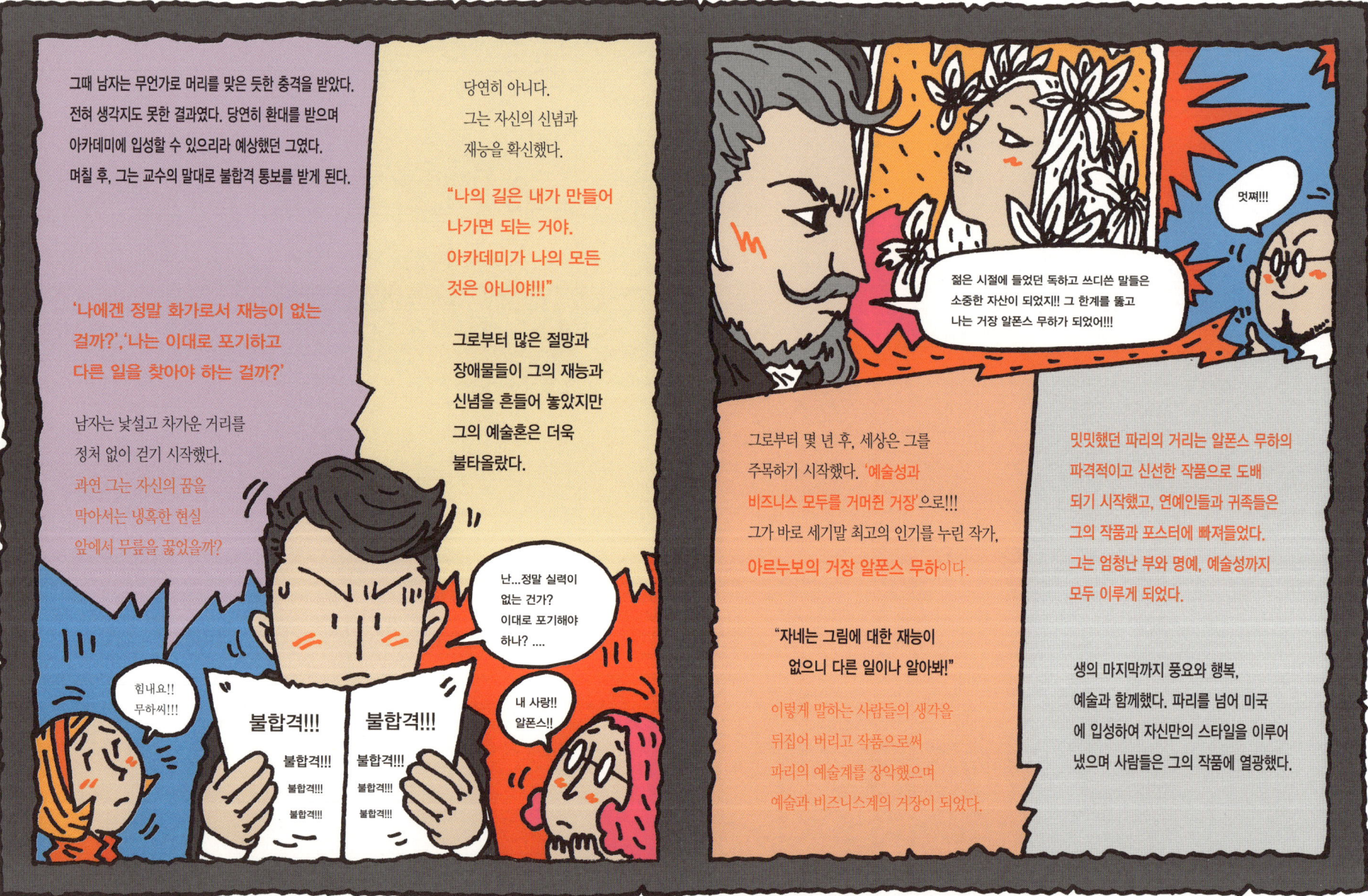

한때, 재능이 없다는 이유로 여러 곳에서 천대를 받아야 했던 알폰스 무하가 어떻게, 어느 시점에서 이런 굉장한 변화를 이루게 된 것일까?

그것은 바로 세상을 바라보는 관점을 바꾸었기 때문이다.

그는 우연한 기회에 대중을 위한 그림, 포스터를 그리게 되었다. 이때, 포스터는 철저히 고객과 대중들의 입장을 고려하여 제작되었다. 그것이 당시 '비즈니스 마케팅'에 최적의 도구였는데,

그는 이 기회를 놓치지 않았다!!

"포스터는 벽에 붙이는 광고일 뿐, 작품이 될 수는 없어."

대부분의 화가들은 이런 생각으로 작업에 임했지만, 알폰스 무하는 대상을 바라보는 관점을 달리했다. 그 결과, 흔하디 흔한 광고 포스터도 전혀 다른 방식의 작품으로 만들어 냈다.

'남들과 똑같다면 최고가 될 수 없다!!'

과거의 쓰디쓴 경험을 통해 이 사실을 알고 있었다.

한 장의 포스터를 그리더라도 사람들이 원하는 스타일을 간파해 적용해 갔다.

광고의 섹시한 이미지에 신비스러움과 연극의 연출력을 더했고, 아르누보의 장식을 더욱 고급스럽고 세밀하게 표현했다.

똑같지만 전혀 다른 '알폰스 무하 스타일의 포스터'로 자신의 브랜드를 만들어 나간 것이다.

26. 상식을 뒤집어 버리다

피에로 만초니

[1933.7.13~1963.2.6]

"이...이게 1억 7천만 원이라고? 이게 황금의 가격과 맞먹는다고?"

"완전 미친 거 아니야? 어이가 없어서 말이 안 나온다."

"이런 황당한 걸 제작한 사람도, 사는 사람도 제정신이 아니야!"

당신 역시 이 작가의 작품을 만나게 된다면 똑같은 반응을 보일 것이다. 망치로 뒤통수를 한 대 맞은 느낌이랄까?

'세상에 이런 것도 작품이 되다니! 정말 이 예술가의 머릿속이 궁금하다!'라고 생각할 것이다.

'1961년 5월, 신선하게 제작되고 보관된 통조림!'

이라는 안내 문구가 적힌 캔이 한 갤러리에 전시되었다.

사람들은 경악했고, 비평가들 역시 악평과 독설을 퍼부었다.

"이따위가 무슨 작품이야!!"

논란이 된 화제의 작품은 바로 〈똥〉이었다.

'아티스트의 똥!!'

이 황당무계한 작품은 90개의 통조림 캔 안에 예술가가 직접 배설한 '똥'을 넣은 후 공장 안에서 밀봉되어 완성됐다.

이 문제의 작가는 이탈리아의 전위 예술가 피에로 만초니이다.

그의 '똥'은 제작 당시 황금과 같은 가치로 가격이 매겨졌다. 말 그대로 똥값이 금값이 된 것이다.

금값이 변하면 예술가의 똥값도 그에 따라 천정부지로 상승했다. 작품이 제작되고 발표된 지 40년이 지난 2008년에는 통조림 캔 하나에 담긴 똥의 가격이 무려 1억 7천만 원이 되기도 하였다.

한마디로 '황금 똥'이 되었다.

그렇다면 그가 이런 황당한 작품을 생각하고 제작하게 된 계기는 무엇일까?

시작은 이러했다. 평소 전위 예술가로서 작품을 제작하는 모습을 못마땅하게 여긴 그의 아버지가 어느 날,
"피에로! 네 작품은 모두 그냥 쓰레기야! 완전 똥이야!"라고 막말을 퍼부었다. 당시 고기 통조림 공장을 운영하던 아버지의 눈에 그는 정말이지 쓸모없는 짓을 하는 사람처럼 보였을 것이다.

빈둥거리며, 평범한 사람들과는 전혀 다른 행동을 일삼고 있었을 테니 말이다.

그런 아들을 어떤 아버지가 좋아하겠는가!!!

하지만 그는 아무짝에도 쓸모없다는 아버지의 비난과 조롱에 반항이라도 하듯 작품으로 승화시켰다.

그 결과, 쓸모없다고 여겨졌던 '똥'이 세상 사람들을 깜짝 놀라게 하였고 굉장한 주목까지 받게 되었다!!! 동시에 엄청난 예술성, 부의 가치까지 거머쥐게 되었다.

일반적인 상식으로는 도저히 받아들이기 어려울 것이다.
'미쳤다!'라는 말 외에는 달리 표현할 말이 없을지도 모르겠다.

하지만 바로 이 점이 평범함과 비범함을 가르는 중요한 차이이다.
생각의 뒤집기, 발상의 전환!
평범함을 비트는 연습은 비범함으로 가는 첫 번째 관문이다.

당신이 펼쳐 나가려는 사업에 피에로 만초니의 똥을 접목해 보라고 제의한다면 그 반응이 어떨지 매우 궁금하다.

"뭐라고요? 똥을 접목해 보라고요?"

"당신 미친 것 아니야?"

이런 반응을 보였다면 당신은 평범한 생각과 관점으로 남들처럼 살아가고 있는 것이다.

상식의 파괴, 상상력에 제한을 두지 않는 발상이 바로 피에로 만초니의 〈똥〉이다.

27. 규범과 질서를 파괴하다

마우리치오 카텔란

[1960.1.6.~]

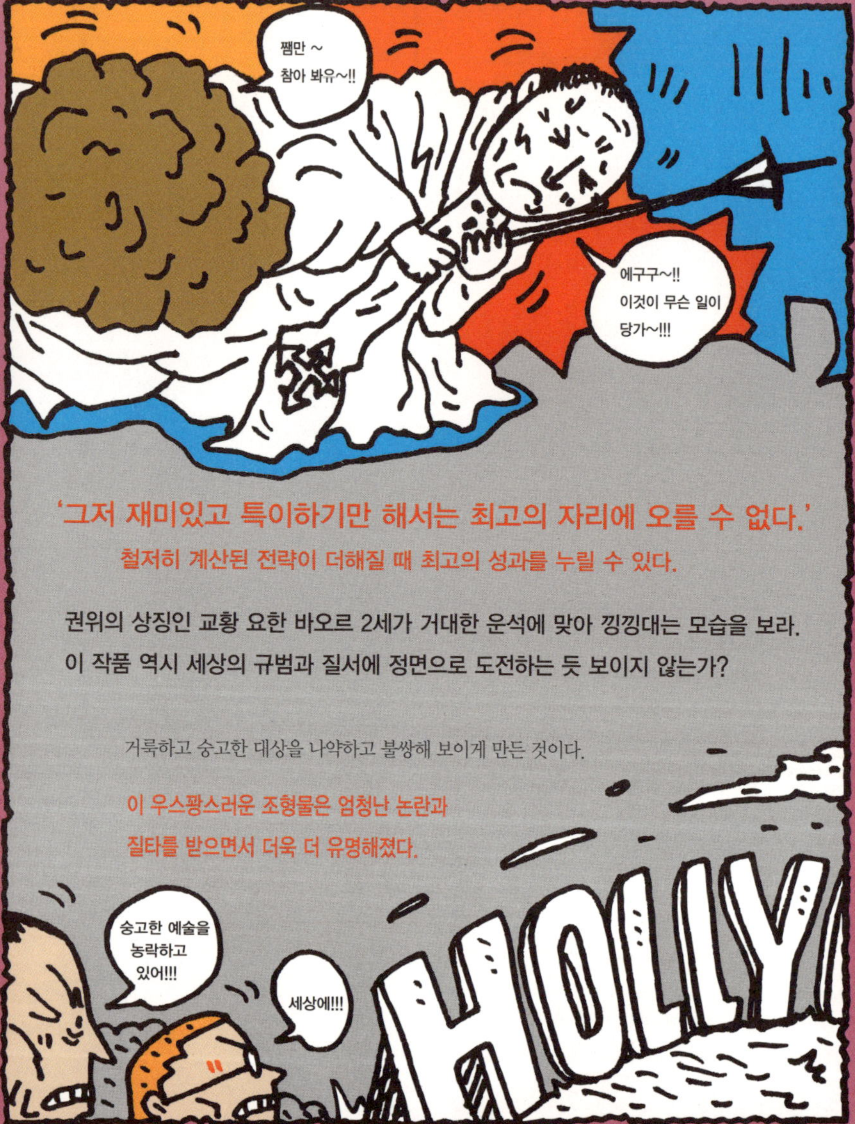

'그저 재미있고 특이하기만 해서는 최고의 자리에 오를 수 없다.'
철저히 계산된 전략이 더해질 때 최고의 성과를 누릴 수 있다.

권위의 상징인 교황 요한 바오르 2세가 거대한 운석에 맞아 낑낑대는 모습을 보라.
이 작품 역시 세상의 규범과 질서에 정면으로 도전하는 듯 보이지 않는가?

거룩하고 숭고한 대상을 나약하고 불쌍해 보이게 만든 것이다.

**이 우스꽝스러운 조형물은 엄청난 논란과
질타를 받으면서 더욱 더 유명해졌다.**

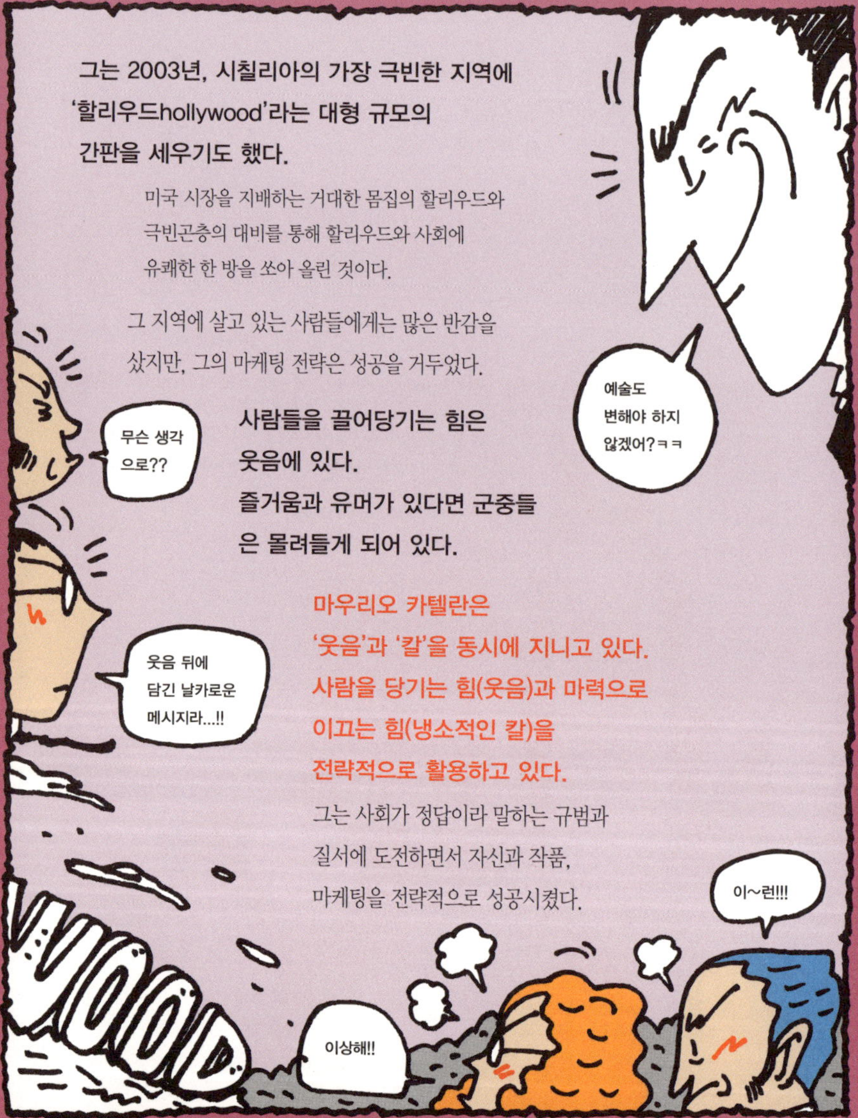

그는 2003년, 시칠리아의 가장 극빈한 지역에
'할리우드hollywood'라는 대형 규모의
간판을 세우기도 했다.

미국 시장을 지배하는 거대한 몸집의 할리우드와
극빈곤층의 대비를 통해 할리우드와 사회에
유쾌한 한 방을 쏘아 올린 것이다.

그 지역에 살고 있는 사람들에게는 많은 반감을
샀지만, 그의 마케팅 전략은 성공을 거두었다.

사람들을 끌어당기는 힘은
웃음에 있다.
즐거움과 유머가 있다면 군중들
은 몰려들게 되어 있다.

**마우리오 카텔란은
'웃음'과 '칼'을 동시에 지니고 있다.
사람을 당기는 힘(웃음)과 마력으로
이끄는 힘(냉소적인 칼)을
전략적으로 활용하고 있다.**

그는 사회가 정답이라 말하는 규범과
질서에 도전하면서 자신과 작품,
마케팅을 전략적으로 성공시켰다.

28. 향수와 감성을 자극하다

플로렌타인 호프만

[1977.4.16.~]

그는 일상적인 물건을 극대화하여 평범한 장소에 놓아 새로운 활력과 재미를 선물한다. 그러면서 사람들에게 더욱 친근한 동물인 오리, 하마, 곰 등을 작품에 등장시키기도 한다.

"와!! 토끼야! 토끼!! 엄청 귀여워!! 근데~겁나게 크다!!! 와우~!!"
"어쩜~!! 우리 집에 있는 인형하고 닮았어~아유 예뻐!!"

넓은 광장 앞에 엄청나게 커다란 토끼가 벌러덩 누워 있는가 하면, 영국의 바다를 헤엄치는 거대한 하마를 제작하기도 한다.

그의 작품을 바라보며 누군가는 어린 시절을 떠올릴 것이고 누군가는 이상한 나라의 앨리스가 된 듯한 기분을 느낄 것이다.

"어쩜~!! 안고 싶어!!"
"쟤가 널 안겠다!!!"

그의 작품은 중국과 홍콩에서도 많은 사랑을 받았다.

"전 세계 사람들이 노랑 오리 러버덕과 만나 즐겁고 행복한 시간을 가졌으면 좋겠습니다!"

일상에서 접할 수 있는 소재를 평범하지 않게 만들어 행복과 즐거움을 선물하는 것이다!!!

세계의 어느 곳에서나 환영 받는 대상을 선보이며 소소한 행복을 만끽하게 한다.

'그의 작품의 강점은 사람들이 이해하기 매우 쉽다는 데 있다!!'

동심을 불러일으키는 귀여운 동물들, 일관성이 있는 메시지 '행복', '힐링' 등 부담되지도 않고 친근감이 있는 그의 작품은 관객을 끌어당기는 매력을 가지고 있다.

"넌~ 뭐냐??"
"러버덕 친구 물 먹는 하마랑께요~!!!"

플로렌타인 호프만은 사랑스러운 오리 러버덕으로 향수와 감성을 자극하는 작품과 마케팅을 펼쳐 많은 사람들로부터 환영받고 있다.

주변을 돌아보라. 거대함으로 승부를 거는 프로젝트와 비즈니스는 많다. 하지만 그는 이와는 정반대로 따스함과 소소한 감성으로 사람들의 마음을 사로잡았다.

그의 러버덕 프로젝트는 친근하고 소소한 대상인 귀여운 동물들과 함께 사람들이 잊고 지낸 어린 시절의 향수와 감성을 깨우며 성공했다.

사람들의 심리 안에는 향수를 불러일으키는 대상이 존재한다는 사실을 그는 정확히 알고 있었다.

세상은 갈수록 더욱 거대해지고 복잡해지고 있다. 그는 이와는 정반대로 쉽고 단순하며 명쾌한 작품과 프로젝트, 마케팅으로 사람들의 공감을 얻어 냈다.

전 세계 사람들의 마음과 감성을 자극한 귀여운 노랑 오리 러버덕 프로젝트와 마케팅처럼 지금 펼쳐 나가고 있는 당신의 비즈니스에도 즐거운 발상과 감성의 전환을 더해 보면 어떨까?

사람들에게 지난 시절의 아름다운 기억과 소소한 즐거움을 선물해 주는 일은 행복한 부메랑이 되어 당신에게 돌아올 것이다.

29. 세상을 향한 코믹 패러디

페르난도 보테로

[1932.4.19.~]

"저게 뭐야! 세기의 명작을 이런 식으로 만들어 버리다니!"

"왜요? 귀엽잖아요!!"

"보기만 해도 웃음이 나지 않나요? 저는 그런데요!"

"참나! 어이가 없군!!"

전 세계 사람들이 너무도 잘 아는 거장 레오나르도 다빈치의 명작 〈모나리자〉가 봉변을 당했다. 그것도 배꼽을 잡을 만큼 우스꽝스러운 모습으로 말이다.

20세기, 신비스럽고 위대한 작품 〈모나리자〉는 두 명의 예술가들에 의해 사람들에게 큰 웃음과 신선함을 주었다.

첫 번째 인물은 앞에서 소개한 현대 미술의 거장 마르셀 뒤샹이다.

신비함과 숭고함의 상징인 모나리자 얼굴에 콧수염을 그린 발칙한 도발자이다.

몇몇의 비평가들은 이를 보고 분노했고 악평을 쏟아 내기도 했다.

그리고 여기, 또 한 명의 문제 작가가 있다.

그는 콜롬비아 메델린 출신의 작가로 모나리자를 토실토실하게 살찐 뚱뚱보의 모습으로 만들어 버렸다!!!

그의 이름은 '페르난도 보테로!!!'

"이런 촌스러운 그림도 작품이라고...쯧쯧쯧!!"

당시 일부 평론가들은 그의 작품을 두고 시대에 뒤떨어지는 싸구려 같은 작품이라 말하기도 했다. 반면에 과장되고 **우스꽝스러운 인물**을 통해 **정형화된 예술의 규범에 일침**을 가했다고 극찬한 사람도 있었다.

실제로 그의 작품들을 보면 '큭!' 하고 웃음이 먼저 나온다.

우리가 미술 서적에서 흔히 보는 세기의 명작들을 모두 뚱뚱하고 귀엽게 만들어 놓았기 때문이다.

"뚱뚱한 게 뭐 어떻다고 난리들인지... ㅋㅋ!!"

그는 사람들이 보아 왔던 위대한 명작들을 우스꽝스럽게 늘리고 부풀렸다.

이에 사람들은 호기심과 관심을 보이기 시작했고 페르난도 보테로를 주목하게 되었다.

"크크크! 이건 정말 웃긴다! 통쾌해!!"

그의 작품은 근엄한 명작에 위트를 더해 마치 멋진 카툰Cartoon의 한 장면을 보는 듯하다.

'**유머**'는 예술가뿐만 아니라 당신의 비즈니스에도 적용될 수 있다.

견고한 세상을 비틀어 보고 뒤집어 볼 수 있는 통찰력, 그 안에서 '재미'와 '감동'을 줄 수 있는 메시지를 찾아내는 채집 능력과 포착 능력. 세기의 거장들은 '유머와 패러디' 기술을 적극 활용했다. 대중들은 직설 화법보다는 이야기에 더 관심을 보이기 때문이다. 궁금증을 유발하는 이야기와 감동, 재미를 마케팅에 활용한다면 효과를 극대화시킬 수 있다.

'사람들은 무겁고 심각한 것보다는 즐겁고 유쾌한 것에 더욱 반응하고 끌린다.'

만약 당신도 당신의 비즈니스에서 긍정적인 성과를 기대한다면 '웃음과 패러디'라는 특효약을 사용해 보길 바란다. 사람들을 즐거운 세계로 안내하는 힘은

'**웃음**'과
'**즐거움**'에 있다.

페르난도 보테로는 남들의 '촌스럽다', '유치하다'는 비난에도 신경 쓰지 않았다.

'웃음'은 오랜 시간이 지나도 사람들의 기억 속에 깊이 자리하게 된다는 사실을 그는 알고 있었다.

요즘 젊은 예술가들 역시 이 사실을 잘 알고 있으며, 그 점을 작품과 마케팅에 적극 활용하고 있다.

요즘 사람들은 기왕이면 밝고 즐거운 요소들을 선호한다.

과거 전쟁과 가난의 시대를 겪어 온 기성 세대들과는 삶의 관점과 방향이 다르다.

'행복'과 '웃음'이 빠진 전략은 사람들에게 100퍼센트의 만족을 주지 못한다.

당신이 펼쳐 나가려는 비즈니스에 '웃음'은 대상을 더욱 아름답고 가치 있게 만드는 포장이 될 것이다.

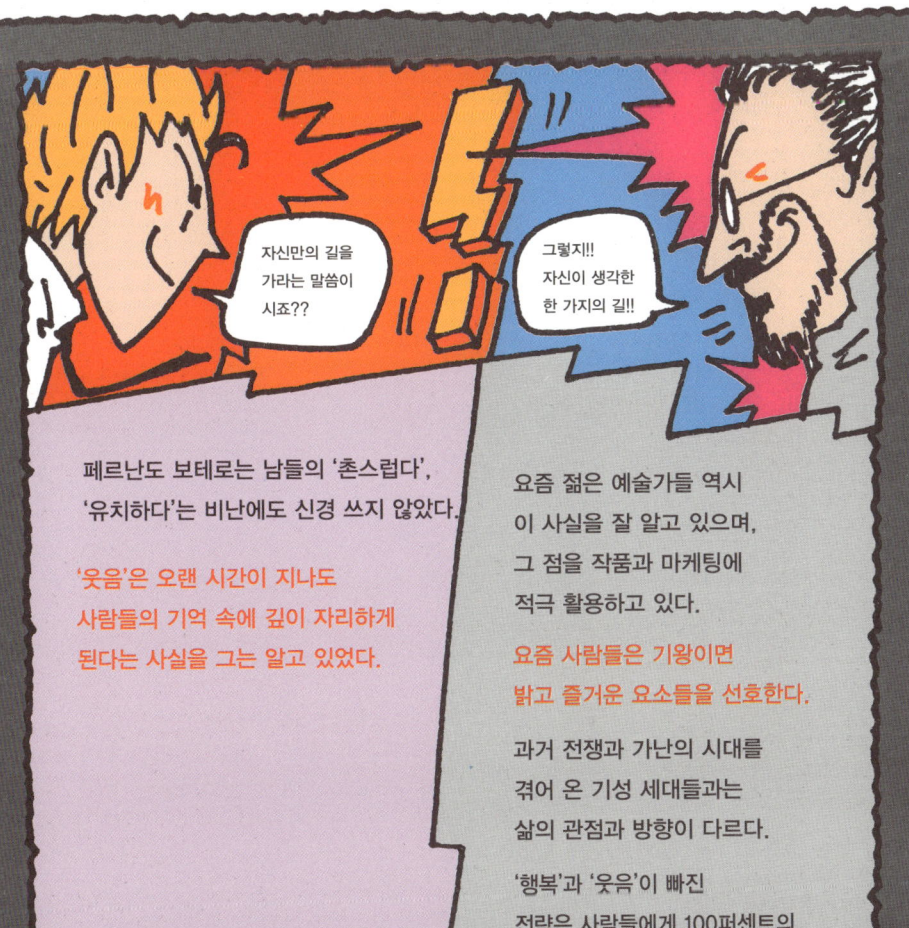

30. 스마트하게 생각하다

줄리안 오피

[1958~]

수많은 사람들과 빌딩으로 가득 찬 서울의 밤거리.

시선을 사로잡는 거대한 광고 하나가 눈에 들어온다.
SF 만화에서나 나올 법한 둥근 머리,
단순화된 몸을 한 사람들이 어딘가를
향해 걸어가고 있다.

"광고 한번 특이하게 하네!!"

평소 만화와 디자인, 현대 미술에 관심이
많았기에 지금까지도 달콤한 호기심을
불러일으킨 작품으로
기억하고 있다.

와우~!!
애니메이션을
보는 듯!!

졸라맨?
동글맨?

뭔가
독특해!!

으익!!
여보!!
눈...이!!!

음...

**예술성과 상업성을 고루 갖춘
영국 현대 미술계의 스타
'줄리안 오피'**

그는 스마트한 발상으로 대중들에게
많은 사랑을 받고 있다.

하얀 캔버스 위에 만화 같은
인물을 그려 냈는데, 깔끔하면서도
동동 튀는 밝은 색감의 조합과 더불어
상업 미술의 요소가 다분하다.

물론, 이것뿐이었다면 다른 예술가들과
별반 차이가 없었을 것이다.

하지만 여기서 새로운 발상의
전환이 일어났다.

"와우! 깜짝이야!"

"어머머!! 작품이 움직여!!"

"나를 보고 윙크를 하네!"

전시장의 그림들이 갑자기
움직이기 시작한 것이다.

관람하던 관객들은 깜짝
놀라 신기해하면서 그의
작품에 빠져들었다.

"거참! 신기하게~!!!"

줄리안 오피는 작품에 디지털 애니메이션 효과를 더해 마치 영화의 한 장면을 보는 듯한 착각을 불러일으켰다.

"어허~이것 봐! 그림이 계속해서 변하네!"
"왼쪽에서 오른쪽으로 가면 그림도 같이 움직여요!"

렌티큘러Lenticular라고 하는 어릴 적 누구나 한번쯤 가지고 있었던 입체 책받침과 같은 작품을 제작하기도 했다.

"어떻게 이런 독특한 발상을 했을까?"

그는 광고 간판을 제작할 때 쓰이는 LED로도 사람들에게 즐거움을 선사했다.

만화, 일러스트 등의 디자인적인 요소들과 디지털 매체를 작품에 적극 활용했다.

'작품 제작은 이래야 한다'라는 고정된 방식을 깨 버리고 아트 비즈니스 마케팅을 펼쳤다.

기존의 제작 방식을 뒤집고 자신의 장점을 강화하였다.
특히, 주문이 들어왔을 때 바로 제작해 완성할 수 있는 디지털 시스템이 구축되어 저력에 힘을 실어 주고 있다.

최근에는 3D 프린팅 기술을 결합하여 새로운 작업을 선보이고 있다.

그에게는 예술도 작품이고 비즈니스도 작품이다.

그는 시대와 함께 호흡하며 예술성과 상업성 모두를 성취한 화가이다.

예술가들 역시 그들이 지켜 나가는 예술성만 빼놓고 본다면 비즈니스 세계와 크게 다르지 않다.

화가 역시 1인 기업이기 때문이다. 예술성 역시 세상과 호흡해야만 그 재능을 온전하게 발휘할 수 있다.

비즈니스도 마찬가지다. 남들과는 전혀 다른 발상과 전략, 전법을 찾아 적용했을 때 비약적으로 발전할 수 있다.

줄리안 오피는 예술에 비즈니스를 접목하고, 비즈니스에 예술의 창의성과 상상력을 접목했을때 더욱 막강한 시너지를 낸다는 점을 알고 있었다.

지금은 창조와 정보의 시대다. 노동력으로 보상받는 시대는 이제 저물고 있다. 아이디어가 돈을 벌어 주고 더욱 많은 부를 창출하는 시대가 되었다.

당신이 비즈니스맨이라면 주말에 차를 몰아 야외로 드라이브를 갈 것이 아니라 전시장을 찾아보라.

그러면서 우리가 흔히 접해 왔던 그림들이 아닌 현대 미술의 도발적인 작품들을 눈여겨보라.

31. 감히 상상도 하지 못할 일을 벌이다

마크 퀸

[1964~]

"으익!!! 저...저기 자..작품이 녹아내리고 있어!!!"

이 작품은 한때 관리자의 실수로 피가 녹아내려 줄줄 흐른 적이 있었다.
상상만 해도 끔찍하지 않은가.

이 사건으로 인해 작품은 더욱더 유명해졌다.

어느 분야에서든 이처럼 발칙한 파괴와 도발은 필요하다.

전통적인 방법으로 남들이 가고 있는 길만
달리면 평생 그들의 꽁무니만을 뒤쫓게 된다.

사업과 예술도 마찬가지다.
같은 상황과 대상을 마주하더라도
전혀 다른 위치에서 생각하고 바라보는
습관이 필요하다.

현대 미술의 도발자들은 **자신을 세상에
드러낼 때 목숨까지 던지면서 도전한다.**
작품을 제작하다가 죽을 수도 있는
상황을 과감하게 돌파한다.

자신이 이루고자 하는 일에
'모든 것을 거는 것', '목숨을 바치는 것'에서
승패가 갈린다.

거장들의 사전에 대충대충, 설렁설렁,
적당히라는 단어는 없다. 완전히 미치거나
거들떠보지도 않거나 둘 중에 하나다.

그들은 한 번 찍으면 미친 듯이
달려들어 정말 미친 결과물로
세상을 놀라게 한다.

미치도록 원하는 것이 있다면
완전히 미쳐야 거머쥘 수 있다.

마크 퀸의 작품은 한 편당
140만 달러 (약 14억 원)가 넘는
가치를 지니고 있다.
그는 자신의 모든 것을 걸고 도전한 결과,
예술적 가치와 상업적인 성공을 거머쥐며
현대 미술의 핵심이 되었다.

"남들이 감히 상상도,
실행도 하지 못할 일을
벌이는 것!!!"

"당신의 비즈니스에 목숨을 거는 것!"

이것이 당신에게 마크 퀸을
소개한 이유이다.

보통 사람들은 대부분 이렇게 말한다.

"안 돼! 네 주제에 뭘 한다고!"

그 말을 뒤집는 결과를 내 그렇게 말한 이들에게
반드시 보여 줘라!

'위대한 성공을 이루려거든 위대한 모험가가 되라!'
는 말이 있다.

위험천만한 길이라 해도 목숨을 걸고 뛰어들어 보라!
죽거나 살거나 둘 중 하나의 패가 나올 테니.
하지만 나는 분명 성공의 패가 나오리라 확신한다.

거장들은 모두 이런 모험을 통해
자신들이 원하는 것을 결과로 증명해 냈다!!

당신도 할 수 있다! 자신이 이루고자 하는
분야에 목숨을 걸어 보라!

마크 퀸은 세상 사람들이 미쳤다고
손가락질한 일에 도전해 승리를 거머쥐었다.

32. 판타지의 세계로 대중을 초대하다

론 뮤익

[1958~]

영국의 한 갤러리. 사람들이 작품 주위에 서서 일제히 탄성을 지른다.

"와! 이런!!! 정말 말이 나오지 않을 정도야!"
"이곳은 마치 다른 세상인 것 같아!"
"이 작가는 도대체 누구야?"

작품의 크기가 거대한 정도를 넘어 엄청나게 커서 관람하고 있는 사람들이 난쟁이처럼 느껴진다!!

거인들이 사는 어느 별에서 방금 도착한 듯 하얀 피부를 가진 아이가 갤러리 한구석에 웅크리고 앉아 있었다!!!

어린 시절 누구나 읽어 보았을 《걸리버 여행기》의 한 장면이 떠오르는 순간이었다.

"와~!!이건 또 뭐야?"

눈을 돌려 다른 코너를 바라보면 이번에는 초대형 사이즈의 침대 위에 깊은 사색에 잠겨 있는 여인의 모습이 보인다.

이번에도 정말 굉장한 크기다.

완전!! 크다!!!

더욱 놀라운 점은 그 인물들이 실제 사람의 모습과 아주 똑같이 생겼다는 것이다.

생생한 근육, 푸르스름한 피부에 정맥과 동맥의 핏줄, 실제 머리카락 등이 혀를 내두를 정도로 사실적이다.

아마 작품을 관람하고 있는 사람들은 거인들이 살아 숨 쉬고 있다고 느꼈을 것이다.

괴짜 예술가들의
별난 마케팅

초판 1쇄 인쇄 2017년 1월 12일
초판 1쇄 발행 2017년 1월 19일

글·그림 최정훈

펴낸이 박세현
펴낸곳 팬덤북스

기획위원 김정대·김종선·김옥림
편집 김종훈·이선희·이단비
디자인 강진영
영업 전창열

주소 (우)03966 서울시 마포구 성산로 144 교홍빌딩 305호
전화 070-8821-4312 | **팩스** 02-6008-4318
이메일 fandombooks@naver.com
블로그 http://blog.naver.com/fandombooks

등록번호 제25100-2010-154호

ISBN 979-11-86404-86-7 13320